実践
ビジネスプラン

事業創造の基礎力を鍛える 第2版

川上智子／德常泰之／長谷川伸
［編著］

A Practical Guide to Business Planning

中央経済社

第 2 版の刊行にあたって

　本書は，ビジネスプランを初めて作成する方のためのテキストです。高校生や大学生を対象とした教育の場で，あるいはビジネスの現場において，新事業や新製品等の企画書を初めて作成される際に，ぜひお読みいただきたい本です。
　入門書という性質上，本書は，かなり大胆に素材を取捨選択し，わかりやすさを最優先した内容となっています。しかし，その平易さの半面，本書の企図するところは，いささか野心的で大胆なものでもあります。なぜなら本書は，ビジネスプランの作成という題材を通じて，今後の産業社会において重要な3つの課題に挑戦しているためです。3つの課題とは，ビジネス基礎力の強化，ビジネスモデルの理解，そして起業家教育の推進です。

<u>ビジネスの基礎力を強化する</u>
　最初の目標は，ビジネスの基礎力の育成（終章参照）です。本書では，ビジネスプランの作成という題材を通じて，ビジネスの基礎力（実行力・思考力・チームワーク）を育て，産業社会に貢献できる人材の育成に寄与したいと考えています。ビジネスの基礎力の育成には，単に知識を得るだけでなく，何らかの課題にそれを適用し，実践して，自らの中にしっかりと根付かせることが必要です。本書はその題材として，ビジネスプランの作成を選択しました。
　ビジネスプランを作成する際には，複数の専門分野にわたる多様な専門知識が必要となります。そこで本書は，流通・会計・ファイナンス・マネジメント・国際ビジネスといった，それぞれの専門分野に詳しい関西大学商学部の教員が分担して執筆しました。
　ビジネスプランをチームで作成するという実践的な活動を通じて，課題の解決に必要な実行力，多様な専門知識を結びつけて総合的に考える思考力，そして他のメンバーと議論を重ねて協力しあうチームワークを鍛えることを本書は

目指しています。

ビジネスモデルを理解する

　第2に本書では，現代の産業社会をより深く理解するために，ビジネスプランに表現されるビジネスモデルに注目する視点を培うことを目標としています。

　ビジネスモデルとは，顧客に価値を届けるトータルな事業の仕組みのことです。現代の市場では，目に見える製品やサービスのレベルではなく，それらをどの顧客にどのような形で届けて新しい価値を生み出すのかというビジネスモデルのレベルでの競争がより重要になってきています。

　ビジネスプランを作成するプロセスでは，製品やサービスだけでなく，それを支える仕組みについて，必然的に深く考えることになります。その際，既存のビジネスと明確に異なる新しい事業コンセプト（第2章参照）の事業システムを構想する必要があります。

　アイデア出しから始まって，最終的に顧客に価値を届けるまでの全体像を描くビジネスプランの作成は，事業の創造に不可欠な作業です。そして同時に，現代の産業社会を理解するために必要な視点を培う思考の旅でもあります。

起業家教育の推進

　第3の目標は，起業家教育（アントレプレナー教育）の推進です。起業には，ベンチャー創業と既存企業における社内ベンチャーのどちらも含んでいます。

　日本の起業家教育は，欧米諸外国に比べて低い水準にあることが知られています。たとえばアメリカでは，大学での起業家教育は1940年代から行われており，500校以上の大学・大学院が起業家教育の講座を有するといいます。

　一方，日本では，初めて起業家教育の講座が設置されたのは1980年代後半のことで，1999年の通産省アントレプレナーシップ研究会の報告書では，起業家教育の講座を有する大学はわずか30校であったと報告されています。

　こうした状況に対し，2007年6月1日に閣議決定された長期戦略指針「イノベーション25」では，企業と連携した課題解決型授業などの実践教育を通じ，起業家精神を持つ人材を育成することの重要性が強調されています。

以上のように，日本における起業家活動の水準は国際的には依然として低いものの，2000年代中盤以降，MOT（技術経営）への関心の高まりや少子高齢化時代を背景とした競争力強化の必要性から，起業家教育に関する講座を設置する大学や大学院が増加しています。2009年2月に公表された経済産業省委託調査の報告書では，全国の大学の46.1％にあたる247校に起業家教育の講座が設置されていることが明らかになっています。

　本書もこうした問題意識を共有し，日本の起業家教育に役立つテキストを提供することを目標として執筆されました。とりわけ起業のアーリーステージにおける基本的な事柄を解説することに焦点を当てています。

<u>本書の構成</u>

　本書は3部構成となっています。まずPart 1「入門」では，ビジネスプランとは何かを述べ（第1章），ビジネスプランを作成する流れについて概説した後（第2章），ビジネスプランの各項目について説明します（第3章）。

　Part 2「発展」では，事業の創造とビジネスプランの作成に必要な要素について，さらに詳しく説明していきます。ビジネスのアイデア出しを成功させるにはどうすればよいか（第4章），ビジネスプランの作成に必要なデータ収集はどのように行えばよいか（第5章），会社はどのように設立し，経営すべきか（第6章），資金調達はどのように行うべきか（第7章），事業採算計画をどのように立てるべきか（第8章）といった内容がここでは述べられています。

　Part 3「ケース」では，事業の創造やビジネスプランの作成に参考となる事例を紹介しています。まず初めに，事例を読む際に効果的な3色ボールペン法という手法について解説します（第9章）。続いて，起業ベンチャー，社内ベンチャー，新製品開発に関するミニケースが多数収録されています（第10章）。これらのケースは，関心のあるところから読み進め，事業コンセプトを考える際の参考にしてください。

　最後に，ビジネスプランの作成を通じて培われるビジネスの基礎力としての社会人基礎力について解説します（終章）。

本書の使い方

　本書は，初めてビジネスプランを作成する方をターゲットとした入門書です。かなり焦点を絞って記述しているため，起業する際に作成するビジネスプランの項目としては不足している部分もあります。

　たとえば，技術志向型の企業にとって必要な研究開発や知的財産権にかかわる項目，ベンチャー企業の経営を担うマネジメント・チームや組織にかかわる項目など，現実に起業する際に不可欠な項目もあえて外しました。

　したがって，技術シーズを基に創業されようとしている方，すでに会社を設立されている方，企業などで現実的な課題に直面されている方には，内容的に物足りない部分もあることと思います。その場合は，各章で紹介した参考文献をぜひご参照いただき，より知識を深めていただければ幸いです。

　最後になりましたが，この出版を契機に，本書がより多くの方々の事業創造の志を助けるものとなることを願っています。

2015年3月

執筆者一同

目　次

第2版の刊行にあたって

Part 1　入門

第1章　ビジネスプランとは何か
- 1－1　ビジネスプランとは／2
- 1－2　ビジネスプラン作成の目的／3

第2章　ビジネスプラン作成の流れ
- 2－1　事業コンセプト／6
- 2－2　データ収集／7
- 2－3　事業コンセプトの修正／8
- 2－4　事業概要の記述／9
- 2－5　フォーマットへの記入／10

第3章　ビジネスプランの項目
- 3－1　アイデア出し／12
  - (1) アイデア出しの心構え・12
  - (2) 発明とイノベーションの違い・13
  - (3) アイデアの源泉・14
  - (4) 志がビジネスを動かす・14
  - (5) アイデア・スクリーニング・15
- 3－2　ビジネスプランの名称／17
  - (1) 事業コンセプトとネーミング・17
  - (2) ネーミングの大切さ・17
- 3－3　ビジネスプランの概要／19
- 3－4　ターゲット顧客と顧客の便益／20

(1)　R＋STP＋MMの原則・20
　　　(2)　ターゲット顧客の定め方・23
　　　(3)　顧客の便益・24
　　3－5　市場の魅力度／26
　　　(1)　ブルー・オーシャンを狙う・26
　　　(2)　需要予測の意味・26
　　　(3)　需要予測の方法・27
　　3－6　競争状況／30
　　　(1)　競合分析の考え方・30
　　　(2)　意外な競争相手・31
　　　(3)　競合分析の事例・32
　　　(4)　競争せずに勝つ方法・33
　　3－7　事業のイメージ図／37
　　　(1)　事業イメージ図の例・37
　　　(2)　事業イメージ図を描く意味・38
　　3－8　事業採算計画／39
　　3－9　Key Factors for Success／40
　　3－10　調査方法・参考文献／41

Part 2　発展　————————————————— 43

第4章　アイデア出しを成功させる……………………… 44

　　4－1　グループ・ディスカッションの秘訣／44
　　　(1)　なぜ何も決まらないのか・44
　　　(2)　ゴールを設定する・45
　　　(3)　時間を意識する・45
　　　(4)　役割分担を決める・46
　　4－2　ブレーン・ストーミング／47
　　　(1)　ブレーン・ストーミングとは・47

(2)　4つのルール・47
　　(3)　進め方のコツ・48
4－3　KJ法／49
　　(1)　KJ法とは・49
　　(2)　ラベルの作成・50
　　(3)　ラベルのグルーピングと見出し付け・50
　　(4)　図解とタイトル付け・51

第5章　ビジネスプラン作成とデータ収集　52

5－1　ビジネスプランとデータ・情報／52
5－2　マーケティング・リサーチの活用／53
　　(1)　ビジネスプランとマーケティング・リサーチ・53
　　(2)　1次データと2次データ・54
　　(3)　質的データと量的データ・54
5－3　マーケティング・リサーチのプロセス／55
　　(1)　リサーチ目的の明確化・55
　　(2)　リサーチ・デザイン・57
　　(3)　リサーチ手法の選択・58
5－4　2次データ・ソース／61

第6章　会社と経営　63

6－1　株式会社とは／63
　　(1)　株式会社の特質・63
　　(2)　株式会社の機関・65
6－2　会社法／66
　　(1)　会社法の制定・66
　　(2)　会社法の目的・67
6－3　株式会社の設立／68
6－4　コンプライアンスとCSR／70

(1)　コンプライアンスとは・70

　　　(2)　CSRとは・71

第7章　ベンチャー・ファイナンス……………………………………73

　7－1　ベンチャー・ファイナンスについて考える前に／73

　　　(1)　利益計算＝比例的な売上高と売上原価と粗利益・73

　　　(2)　毎月の運用経費＝固定的な経費と純利益の算定・75

　　　(3)　開業費用＝事業を開始するまでの投資額・76

　　　(4)　創業資金＝事業開始のための資金の調達・用意・77

　7－2　資金調達／78

　　　(1)　資金調達の意義・78

　　　(2)　資金調達のライフサイクル・79

　7－3　創業期のファイナンス／81

　　　(1)　創業資金の把握・81

　　　(2)　現金燃焼時点の算定・82

　7－4　成長期と新規株式公開（IPO：Initial Public Offering）／84

　　　(1)　ベンチャーキャピタル・84

　　　(2)　資本政策・85

第8章　事業採算計画……………………………………………………90

　8－1　事業採算計画の必要性／90

　8－2　損益分岐点分析の概要／91

　8－3　損益分岐点分析の例／92

　　　(1)　損益分岐点の算定・92

　　　(2)　所要利益達成に必要な売上高の算定・94

Part 3　ケース　——————————————— 97

第9章　3色ボールペン法で読み解くケーススタディ……… 98
- 9－1　3色ボールペン法とは／98
- 9－2　3色ボールペン法の実際／99
- 9－3　読書会での共有／100

第10章　ミニケース集　——————————————— 102
- 10－1　起業ベンチャーのミニケース／102
  - ❶ エジソンの電球・102
  - ❷ ラジオとテレビ・104
  - ❸ デル「ダイレクト・モデル」・106
  - ❹ 関西スーパー・108
  - ❺ アンリ・シャルパンティエ・110
  - ❻ 回転寿司「あきんどスシロー」・112
  - ❼ スーパーホテル・114
  - ❽ QBハウス・116
  - ❾ ピースウィンズ・ジャパンと帝人「バルーンシェルター」・118
  - ❿ ヒューモニー「ベリーカード」・120
  - ⓫ エレファントデザイン「空想生活」・122
  - ⓬ 夢の街創造委員会「出前館」・124
  - ⓭ Dari K・126
  - ⓮ しゃらく旅倶楽部・128
- 10－2　社内ベンチャーのミニケース／130
  - ❶ クロネコヤマト「ネット通販市場の成長と宅急便」・130
  - ❷ ワタベウェディング「海外ウェディング」・132
  - ❸ 良品計画「無印良品」・134
  - ❹ プラス「アスクル」・136
  - ❺ ファーストリテイリング「ユニクロ」・138

- ❻ パーク24「タイムズ24」・140

10-3 新製品開発に関するミニケース／142
- ❶ カルビー「1才からのかっぱえびせん」・142
- ❷ アサヒビール「スーパードライ」・144
- ❸ キリンビバレッジ「直火珈琲キリンファイア」・146
- ❹ 日立製作所「野菜中心蔵」・148
- ❺ TOTO「魔法びん浴槽」・150
- ❻ 花王「ヘルシア緑茶」・152
- ❼ P&G「ファブリーズ」・154

終章 ビジネスの基礎力とは…………156

1 ビジネスの基礎力としての社会人基礎力／156
2 前に踏み出す力（アクション）の育成／158
- (1) 主体性・158
- (2) 働きかけ力・158
- (3) 実行力・159

3 考え抜く力（シンキング）の育成／160
- (1) 課題発見力・160
- (2) 計画力・161
- (3) 創造力・161

4 チームで働く力（チームワーク）の育成／162
- (1) 発信力・162
- (2) 傾聴力・163
- (3) 柔軟性・163
- (4) 情況把握力・164
- (5) 規律性・164
- (6) ストレスコントロール力・165

Part 1
入 門

第1章
ビジネスプランとは何か

1－1 ●ビジネスプランとは

　ビジネスプラン（business plan）とは，事業企画書のことです。たとえば，ベンチャー企業が起業する場合に，ビジネスプランは作成されます。

　ベンチャー企業がビジネスプランを作成する理由は1つではありません。たとえば，ビジネスを行う上で必要な業務を明らかにして資源を集中させたり，ビジネスの障害となりそうなことを予測して対応したり，出資してくれそうな資金提供者にビジネスの内容をわかりやすく伝えて，説得して資金を調達するために，ベンチャー企業はビジネスプランを作成します。ベンチャー企業にとって，自社の事業概要をまとめたビジネスプランは，なくてはならない不可欠のものです。

　さらに，ビジネスプランの作成は，ベンチャー企業として起業する時以外にも，さまざまなところで行われています。既存企業の中で，新しい事業分野に進出する時にも，新規事業の企画書を作って，経営陣に提案し，承認してもらうことが必要です。事業を起こすほどの大きな話でなくても，たとえば営業部門で新しい店のプロモーションをどのように行うか，といった新しい企画を行う場面では，必ず何らかの企画書を作って上司や同僚に説明し，賛同を得て仕事を進めることになります。

　このように，業界や企業を問わず，どんな会社や組織でも，ビジネスプランの作成は日常的に行われています。そのため，社会に出れば，大なり小なり，そうした企画書を作成する場面に出会うことになります。

身近な例として，大学の学園祭で出店するケースを考えてみましょう。どのような商品を販売して，材料をどこから調達し，いくらで売って，いくら儲かるのか。そうした内容をまとめたものは，まさにビジネスの企画書です。このように，ビジネスプランを作るために必要な能力は，ベンチャー企業として起業するときだけでなく，社会生活のさまざまな場面で役立つものなのです。

　さて，上で挙げた，ベンチャーの起業，新しい店のプロモーション，大学の学園祭という3つの事例に共通することは何でしょうか。それはいずれも「それまで存在しなかった新しい価値を生み出している」ということです。世の中にかつて存在しなかった新しい価値を生み出すには，人に言われてから何かをやるのではなく，自ら率先して行動を起こすという前向きな気持ちを持つことが必要です。このような姿勢のことを，本書ではプロアクティブ（proactive）な姿勢といいます。

　社会に役立ちたいという強い志や，自ら率先して行動する前向きな姿勢を持つことが，新しいビジネスや企画を成功させるうえで何よりも重要です。世の中にとって意味のないことや，やりたくないことを渋々やっていても，誰も応援してくれません。何より自分自身が，困難に直面したときに，それを克服する強い意思を貫けず，くじけてしまうでしょう。ビジネスプランは，本当にやりたいこと，社会にとって価値のあることを考え，それを実現する第一歩として作成するものです。

1－2●ビジネスプラン作成の目的

　アメリカでベストセラーとなっているテキストを著したジェフリー・A・ティモンズ教授は，ビジネスプランを作るときの注意事項として「ビジネスプラン自体の見た目の完成度を上げることや，派手なプレゼンテーションにお金と時間をかけすぎないこと」と言っています[1]。本書は『実践ビジネスプラン』というタイトルですが，ビジネスプランを作成する際にすぐ使えるノウハウやツールだけを載せているわけではありません。なぜなら本書は，ビジネスプラ

ン自体を見栄えよく作ることを最終的な目標としていないためです。

　本書のタイトルにある「実践」という言葉には「自分で作りながら学ぶ」という意味が込められています。ビジネスプランのプラン（計画）は，企業の現場でよく使われるPDCAサイクルという考え方の最初のP（Planの頭文字）に当たります（図1－1参照）。PDCAサイクルのP（計画）の次には，実行のD（Doの頭文字），確認のC（Checkの頭文字），修正のA（Actionの頭文字）が続きます。

　ビジネスプランの作成目的は，完璧な計画を作り上げることではありません。最初はラフに考えたプランを基に，業界のデータを集めたり，あるいは本当にビジネスを行ってみたりと実際に行動し，その結果を確認して，再度ビジネスプランやビジネスそのもののやり方を修正していくことが必要です。その意味で，ビジネスプランの作成には，終わりがありません。いつも現在進行形で考えることが大切です。言い換えれば，ビジネスプランが完成するときは，ビジネスそのものが完了するときでもあります。

図1－1　PDCAサイクル

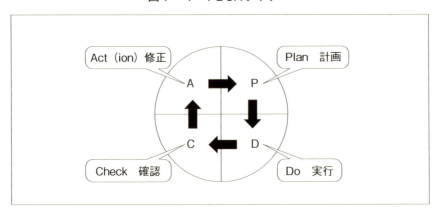

◀注▶
1　ジェフリー・A・ティモンズ著（千本倖生・金井信次訳）『ベンチャー創造の理論と戦略―起業機会探索から資金調達までの実践的方法論』ダイヤモンド社，1997年，p.357。

第2章
ビジネスプラン作成の流れ

　ビジネスプランとは事業の企画書のことです。建築にたとえていえば，建物を造る前に描く青写真です。ベンチャーで新しい会社を起業する時にも，会社の中で新しい事業を起こす時にも，ビジネスの第一歩はビジネスプランを書くことから始まります。

　では，ビジネスプランはどのように書けばいいのでしょう。アメリカの有名なベンチャー企業の研究者であるジェフリー・A・ティモンズは，次のような手順で書くことを勧めています（図2－1参照）[1]。

(1) 基本的な事業コンセプトを考える。
(2) 事業コンセプトに関するデータを集める。
(3) データに基づいて事業コンセプトを修正する。
(4) 事業の概要を記述する。
(5) 所定のフォーマットにまとめる。

　以下では，この流れに従って，ビジネスプランを作成する大まかな手順を見ていくことにしましょう。

図2−1　ビジネスプランを作成する流れ

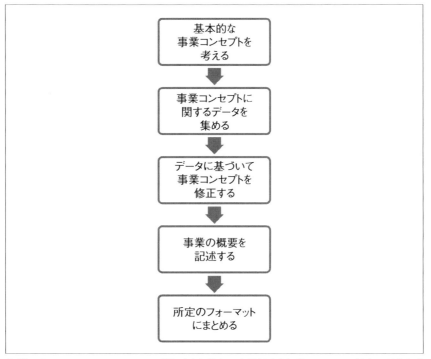

出所）ジェフリー・A・ティモンズ著（千本倖生・金井信次訳）『ベンチャー創造の理論と戦略―起業機会探索から資金調達までの実践的方法論』ダイヤモンド社，1997年，p.357を参考に作成。

2−1●事業コンセプト

　ビジネスプランの第一歩は，多くのアイデアを出し，それらのアイデアに基づいて，事業のコンセプト（概要）を考えることから始まります。

　事業のコンセプトとは，そのビジネスを行うことが，ターゲット顧客（ビジネスのお客さん）にとって，どんな価値（メリット）があるのかを考え，その価値を提供する事業内容のポイントを整理したものです[2]。

　たとえば，ビジネスのアイデアとして，新しいペットフードのビジネスを思

いついたとしましょう。しかし，ただペットフードのビジネスというだけでは，それがどんなビジネスで，どんな顧客にどんなメリットを与えるのかがよくわかりません。

そこで，あるチームは次のような事業コンセプトを考えました。

〈事業コンセプト〉
「手作り感が味わえる自然派志向のペットフード」
・必要な材料・容器をすべて同封しているので，家庭で手軽に小麦粉を使った料理やお菓子を作ってあげることができる。
・安全な添加物だけを使用し，カロリー計算したレシピをパッケージに表示していて，野菜なども使用しているので安心して食べさせてあげられる。
・家庭の犬の好みにあわせて柔軟に作ることができる。

この事業コンセプトからは，「手作り感が味わえる」「自然派志向で安心」「気軽に作れる」といった顧客にとってのメリットをすぐに理解することができます。このように事業コンセプトは，顧客の側から見た魅力がすぐにわかるように工夫して表現することが大切です。

2-2 ● データ収集

事業コンセプトが決まったら，次は，その事業の中身を具体的に考えていきましょう。そのためには，データ収集が必要です。なぜなら，その事業が今まで存在しなかった新しい魅力的なものだということを周囲の人に伝え，理解してもらうためには，自分の思いや感情だけでなく，客観的な数字やデータで示すことも必要だからです。つまり，ビジネスプランは，自分自身の思いを形にするために作成するものであると同時に，周囲の人に，自分の考えをわかりやすく表現して伝えるために作成するものでもあります[3]。

ペットフードの事業コンセプトを考えたチームは，早速，ペットフード業界

について調べ始めました。何を調べればいいのかを自分で考えるところから，ビジネスプラン作りは始まります。たとえば，ペットフード市場の規模は大きいのか。市場は成長しているのか，停滞しているのか。どんな会社が競争相手になりそうか。ペットフードはどこで売れば一番よく売れるのか。そして，手作りできるペットフードや自然派志向のペットフードはあるのか。

　浮かんでくるさまざまな疑問を解決するために，チームのメンバーは，インターネットで検索したり，図書館で本を探したり，雑誌や新聞の記事検索を行って，市場規模や業界動向についての数字やデータなどを集めて議論しました。それでもわからないことがあると，ペットショップやペットを飼っている人に直接会って話を聞いたりもしました（第5章参照）。

　こうしたさまざまなデータ収集活動を通じて，ペットフード業界にすでに参入している企業がどのようなビジネスを行っているかがわかり，自分たちの考えた事業コンセプトが本当に新しく，魅力的なのかどうかがわかってくるのです。

2-3 ● 事業コンセプトの修正

　データを集めたり調査を行ったりしてみると，自分たちが最初に思いついたアイデアがすでに他の誰かによって実現されていたり，よく似た商品がすでに発売されていてがっかりすることもあります。

　しかし，それはピンチではなく，むしろチャンスです。よく似たアイデアが世の中にすでにあったということは，少なくとも自分たちの考えたことが見当外れではなかったということの証明です。そのアイデアをさらにブラッシュアップして，既存のものよりもさらに魅力的なビジネスにするためにはどうすればいいのかをさらに深く考えてみましょう。

　たとえば，先のペットフード事業のケースでは，ペットフード市場自体は成長していて魅力的だとわかってきました。しかし，既存事業と明らかに違う新しい魅力を付け加えるためには，もう一ひねり必要でした。

そこで，この事業を考えていたチームは，ペットフードをインターネット上で販売し，その記録を保存して，顧客一人ひとりの購買履歴を次に買ってもらうための販売プロモーションに活かそうと考えました。

そしてここで，彼らは新たな疑問を持ち始めました。インターネット販売は，いったいどのくらい普及しているのか。インターネット上で店舗を運営するには，どのくらいのコストがかかるのか。こうして彼らは，いったん終了したと思ったデータ収集を再開することになりました。行ったり来たりの試行錯誤をしているようですが，新しいアイデアが付け加わった分，ビジネスプランは確実に前進しています。

このように，ビジネスプランを作成する段階で，どこまで粘り強く考え，深く調べられるかがビジネスの成功の鍵を握っています。最初に思いついたアイデアを徐々にふくらませ，事業コンセプトを根気強く何度も修正しながら，既存事業と明確に差別化した魅力的なビジネスプランを作り上げていきましょう。

2-4 ●事業概要の記述

ある程度データ収集にメドがついたら，ビジネスプランの書式に沿って，実際にプランを書き始めてみましょう。第3章で詳しく説明しますが，ビジネスプランを作成する際には，必ず書いてほしいポイントがいくつかあります。ビジネスプランのコンペティションなどに応募する際には，その応募用紙に書かれている項目をもれなく記述することが必要です。たとえば次のような項目がその一例です。

〈ビジネスプランで書かなければならない項目の例〉
・ビジネスのターゲット（標的）とする顧客は誰か。
・その顧客にとって，新しいビジネスはどんなメリットがあるか。
・他の会社と違う自社のビジネスの魅力は何なのか。
・そのビジネスで参入しようとする市場は魅力的か。

- その市場の現在と将来の競争相手は誰か。
- どこから材料を仕入れ，どういう販売経路（チャネル）で売るのか。
- 商品の生産はどのように行うのか。設備や機械を購入するのか。
- 商品やサービスの値段はいくらに設定するか。
- 広告手段として，テレビCMやチラシ，交通広告などを使うのか。
- インターネットやソーシャルメディアをどのように活用するか。
- 店舗をどこに立地させ，どのくらいの規模で運営するか。
- 事業の資金はどこから調達するか。
- 従業員をいくらで何人雇うのか。　　…など

　ビジネスの全体像がイメージできるようになると，そのビジネスで目標とする売上の金額や，そのためにかかる費用も予測しやすくなります。ビジネスの一つひとつの要素を組み上げていく中で，事業全体の採算性が見えてくるのです。ビジネスという以上，利益が出なければ長く続かず，成功とはいえません。ビジネスプランを立てる際には，収支計画もきちんと立てておきましょう（第7・8章参照）。

2－5●フォーマットへの記入

　ビジネスプランの所定のフォーマットに記載する項目をすべて書き終えたら，ついにビジネスプランの完成です。さて，ここまでいったい何時間かかるのでしょうか。先に紹介したティモンズは，ベンチャー企業が作成するビジネスプランの平均的な作成時間は200～300時間だと言っています。

　これは，完璧なビジネスプランを目指して，データや情報を集めて修正する作業を繰り返すと，これだけ長い時間がかかるという意味です。ビジネスプランの形式に沿ってまとめ始めると，調べ足りない項目や，それまで見落としていたビジネスの要素が見つかることがあります。ビジネスプランは，一度作ったら終わりではありません。何度も何度も修正して練り上げて，完成させてい

くものなのです。

　ただし，新しいビジネスはスピードが命ですから，ビジネスプランを美しく作り上げることに時間をかけすぎて，肝心のビジネスの進捗が遅れてしまっては本末転倒です。ビジネスプランの作成は，常に実際のビジネスと連動させ，ビジネスプランを見栄えよく作ること自体が目的化してしまわないように，十分気をつけなければなりません。

　逆に，目の前のビジネスを進めることだけに夢中になって，ビジネスプランを無視するのも問題です。業務が忙しくなると，目の前の仕事だけで精一杯になってしまいがちです。それに追われてビジネスの全体像を忘れてしまわないように，拠り所であるビジネスプランに常に立ち返り，確認や修正を行いながら，企画したビジネスを着実に前に進めていくことが必要です。

　ビジネスプランは，図１－１に示したPDCAサイクルのPすなわち計画（Plan）に当たります。計画（Plan）を立てたら，実行し（Do），確認し（Check），そして修正（Action）して，もう一度計画（Plan）にフィードバックして，また実行します。このサイクルを何度も繰り返しながら，ビジネスプランとビジネスそのものを常に改善していくことが成功への近道です。

◀注▶

1　ジェフリー・A・ティモンズ著（千本倖生・金井信次訳）『ベンチャー創造の理論と戦略―起業機会探索から資金調達までの実践的方法論』ダイヤモンド社，1997年，p.357。
2　加護野忠男・井上達彦『事業システム戦略：事業の仕組みと競争優位』有斐閣，2004年。
3　小樽商科大学ビジネススクール『MBAのためのビジネスプランニング』同文舘出版，2005年。

第3章

ビジネスプランの項目

3－1 ●アイデア出し

　それでは，ここから実際にビジネスプランを作ってみましょう。まず最初はアイデア出しです。アイデアは一人で考えてもいいですし，複数のメンバーでワイワイと話し合っているうちに思いついたことでも構いません。グループでアイデアを出す方法については，本書の第4章に詳しく書いてありますので，そちらもぜひ参照してください。

(1) アイデア出しの心構え

　ビジネスのアイデアを出そうとする時に，何か画期的なことを思いつこうとしても，なかなかうまくいかないことが多いものです。しかし，ビジネスを考えることは，偉大な発明家を目指すことではありません。

　オーストリアの経済学者であるシュムペーターは，イノベーション（革新）の本質は「新結合」つまり「新しい結びつき」だと言っています[1]。ものの生産方法，ターゲット市場，材料の調達方法，そして組織のあり方などのうち，何か1つでも新しい要素に組み替えることができれば，それが新しいビジネスになる可能性があります。画期的なことを行おうとして，すべてを一気に変える必要はありません。このように考えると，ビジネスのアイデア出しがもう少し気軽に楽しく行えるようになるでしょう。素晴らしいアイデアを出さなければと身構えてしまうと，かえってアイデアが出にくくなってしまうものです。

　たとえば，今では日本のみならず海外にまでビジネスが展開されている回転

寿司は，創業者がビール工場を見学に訪れた際，ベルトコンベア上を猛スピードで流れていくビールの製造ラインを見て発想したと言われています。日本の伝統的な食文化の筆頭である寿司と，工場の製造ラインにあるベルトコンベア。この全く畑違いの2つの要素が結びついたとき，回転寿司という新しいビジネスのアイデアが生まれたのです。

(2) 発明とイノベーションの違い

イノベーション（innovation）は画期的な発明（invention）から生まれることもありますが，現代のイノベーションの多くは，企業の中の企画部門や開発部門のチームのアイデアから生まれています[2]。

偉大な発明家として知られるエジソンも，実は，白熱電球を発明しただけでなく，ガス灯に代わる電灯ビジネスを普及させるために発電機も同時に開発し，送電サービスのことも考えて工夫していました[3]。新しいビジネスは，偉大な発明だけで実現するものではありません。エジソンでさえも，弟子や従業員を雇い，先行モデルであるガス灯のビジネスの仕組みを学びながら，ガス灯とコスト競争になった時にどうやって勝てばよいのか，電球の価格を下げて普及させるには，工場でどんな製造装置を使えばいいのか等，ビジネスを実現するために必要な課題に取り組んでいたのです（第10章参照）。

ビジネスは発明とは違うということ，そして，自分一人の力だけでは実現が難しいということを，ぜひ覚えておいてください。

もう1つ指摘しておきたいことは，新しいビジネスを創造するアイデアの源泉は，私たちの日常生活の中に身近にあるものだということです。しかし，多くの人はそれに気がつかず，同じものを同じように見ていてもビジネスのアイデアとして認識することができません。

たとえば，ベルトコンベアを工場で見た人は何万人もいると思いますが，それを見て回転寿司のビジネスを発想した人は少ないでしょう。仮に思いついたとしても，実際にそれをビジネスとして実現すべく行動した人は，回転寿司の創業者しかいなかったということです。

(3) アイデアの源泉

　ある企業は，毎月の企画会議で何千個というアイデアを検討しているそうです。アイデアの内容は，メンバー自身の経験に基づくもの，消費者に市場調査を実施して発見したこと，営業担当者が顧客を訪れて気づいたこと，お客様相談室に寄せられた相談，技術者が開発した新しい技術を応用したもの，他の業界の商品やサービスを見て思いついたこと等，その源泉はさまざまです。

　アメリカのカリフォルニア州シリコンバレーにあるIDEO（アイデオ）社という会社では，観察（オブザーベーション）という方法で，新しい商品やサービスの開発を行っています[4]。

　たとえば，同社が開発をサポートした子ども用の歯ブラシの例を見てみましょう。普通，子ども用の歯ブラシというと，大人用を小型にしたものがほとんどです。ある歯ブラシのメーカーから開発のサポートを頼まれたIDEO社は，子どもにまず歯ブラシを握らせて，その様子を観察しました。すると，どうでしょう。幼い子どもは，歯ブラシを握りこぶしのようにしっかりと握り締めて持つのです。そこから，太くて柔らかい長い柄を持つ，おもちゃのような握り心地の歯ブラシが生まれました。大人用より子ども用の歯ブラシの方が大きい方がいいとは，それまで誰も気づきませんでした。

　IDEO社では，「左利きの人の身になって考える」という原則に従って，消費者のニーズを探っているそうです。自分が右利きでも，左利きの人の身になって考える。大人であっても子どもの目線で考える。違いのある人々に対する優しい眼差しを持って，その違いに敏感になることで，よりよい商品やサービスが生まれてくるのだということをIDEO社の例は教えてくれています。

　皆さんがビジネスのアイデアを考える時には，自分自身の経験に根ざして深く考えていくと，自分たちの新鮮なアイデアが生まれることでしょう。自分で考えるだけでなく，友達や家族にアイデアを話して意見を聞いてみると，新しい発見につながるかもしれません。

(4) 志がビジネスを動かす

　パーク24株式会社の「タイムズ」という駐車場サービスは，病院に治療や見

舞いで出かけても駐車できないという問題を何とかしたいという創業者の思いから生まれたそうです（第10章参照）。自分が困っていることや疑問に思っていることは，他の人たちも同じように感じている可能性があります。それを解決することで，他の人々の共感を得て，結果として多くの人に受け入れられればビジネスは成功し，収支も自然と合ってくるものです。

　この順番を間違えないようにしなければなりません。お金儲けができそうなビジネスという切り口で発想しても，そんなに都合よくビジネスのアイデアは浮かばないものです。

　新しいビジネスを起こす道のりでは，多くの苦難が待っています。たとえば，商品の開発が予定通りに進まなかったり，思うように資金が調達できなかったり，さまざまなリスク（危険）と直面する場面が出てきます。それらの困難を乗り越えて事業をやり遂げるためには，自分の考えたビジネスが，社会にきっと役立つという熱い思い（志）が必要です。単にお金を稼ぐという目標だけでは，事業を起こすという大仕事をやり遂げることは難しいのです。

　実際にさまざまなケースをみてみると，成功したベンチャー企業の多くは，何らかの形で社会に貢献していることがわかります。そして，成功した創業者たちは，自分の考えたビジネスが，社会にとって意味のある大事なビジネスであるという誇りと自信を持っています。仮に自分で実際に起業するかどうかは先の話だとしても，ビジネスのアイデアを出すときには，そのビジネスが社会にどんな貢献をするのかという視点を常に忘れないようにしたいものです。

(5)　アイデア・スクリーニング

　ビジネスになりそうなアイデアがいくつか出されたら，次は，そのどれを本当にビジネスプランとしてまとめ，事業として進めていくのかを選ばなければなりません。この作業をアイデア・スクリーニングと呼びます。スクリーニングは「ふるいにかける」（screen）という動詞のing形です。アイデアをふるいにかけて，優れたアイデアだけを選び出す作業をスクリーニングといいます。

　アイデアを選ぶ基準については，企業の場合であれば，市場の規模や成長性はどうか，売上規模はどのくらいか，それは自社の経営目標と合っているか，

新しい事業は自社の経営資源と適合しているか等，さまざまな観点で評価する独自の基準を定めていることが多いようです。

　もし皆さんが，ビジネスプランのコンペティションに応募する予定であれば，そこで定められている審査基準を参考にするとよいでしょう。たとえば，関西大学ビジネスプラン・コンペティション（KUBIC）では，応募されたプランを5項目で評価しています（表3－1参照）[5]。独創的なアイデアか，類似したビジネスはないか，仮にある場合，それとの差別化が十分に図れているか（以上，独創性・優位性），消費者のニーズや需要はあるか，社会的に意義のあるビジネスか（以上，必要性・社会性）といった基準でアイデアを評価し，その中で一番有力なものをビジネスプランとしてまとめていきましょう。

　アイデア出しの段階で1つに絞れない場合は，ビジネスプラン案を複数作った後で再度，評価しても構いません。実現可能性・収益性は，ある程度ビジネスの全体像が見えてこなければわからないこともあります。有望なアイデアだと思ったら，データ収集を行ってビジネスプランにまとめた後で再検討しましょう。それによって，ドロップ・エラー[6]といわれる失敗を防ぐことができます。

　正確かつ綿密なデータ収集に基づいて作成されたビジネスプランを，聴衆や投資家の前でプレゼンテーションし，相手を説得・魅了できれば，ビジネスは，実現に向けての大きな一歩を踏み出すことになります。

表3－1　KUBICの審査基準

基準	内　容
独創性 優位性	独創的なアイデアであるか。類似したビジネスはないか。仮にある場合，それとの差別化が十分に図られているか。【20点】
必要性 社会性	消費者のニーズおよび需要はあるか。社会的に意義のあるビジネスか。【20点】
実現可能性 収益性	実現可能なビジネスであるか。ビジネス継続のための収益が見込めるか。事業を開始・持続させるための工夫や仕組み作りが十分に考察されているか。【20点】
正確性 綿密性	正確かつ綿密な調査・考察に基づいてビジネスプランが作成されているか。ビジネスの実施に伴って生じうる課題や問題点について十分な思慮が払われているか。【20点】

プレゼンテーション ※本選会のみ	オーディエンスを説得・魅了するようなプレゼンテーションが行われたか。審査員からの質問に対して適切かつ十分な回答を行ったか。当日のプレゼンに用いたレジュメおよびスライドはその役割を果たしていたか。【20点】

3-2 ●ビジネスプランの名称

(1) 事業コンセプトとネーミング

　ここからは，実際に大学生が考えたビジネスプランを具体的な事例として取り上げて，ビジネスプランの作り方を説明していきます[7]。ビジネスプランのフォーマットとしては，KUBICの応募用紙を参考にしています。

　まず初めは，ビジネスプランの名称です。ビジネスプランの名前の付け方に特に決まったルールはありません。たとえば，第2章で述べた事業コンセプトをそのままビジネスプランの名称にすれば，そのビジネスが顧客にどういうメリットを与えるのかをわかりやすく伝えることができます。

　このチームは，計3名で構成されていました。彼らは大学のゼミの課題でビジネスプランを考えることになり，アイデア出しのブレーン・ストーミングを行いました（第4章参照）。

　その時，自宅で犬を買っていて，ペットの犬と毎日接しているメンバーが「いつも市販のペットフードだけではかわいそうな気がするけれど，手作りは大変。ちょっと手を加えるだけで，手軽に作れるペットフードはできないか」と思ったことから，そのアイデアを基に，ペットフードの新ビジネスを考えることになりました。こうして生まれたのが，第2章でも紹介した「手作り感が味わえる自然派志向のペットフード」というビジネスプランです。

(2) ネーミングの大切さ

　ちなみに，このチームは，事業コンセプトに加えて，社名やロゴも作っていました。社名は株式会社どっぐキッチンです。この「どっぐキッチン」というネーミングは，ペットの犬のために手作りするペットフードというイメージを

図3－1　どっぐキッチンのロゴ

うまく表現しています。また，ロゴは図3－1にあるように，犬の後姿にカラフルな社名のアルファベットを組み合わせたものでした。このロゴにも，ペットの犬に対する温かい愛情がよく表れていて，チームメンバーのこのビジネスに対する熱い想いが伝わってきます。

　このように，事業を行う会社の社名のネーミングやロゴを真剣に考えてみると，ビジネスの事業コンセプトがどれだけ明確になっているかが再確認できます。自分たちのビジネスを一言で簡潔に言うとどうなるか，シンボルとして図示するとどうなるか。社名やロゴというシンプルな形にまとめる作業を通じて，自分たちが考えているビジネスの本質が何なのかを深く考えることができるでしょう。

　参考までに，アメリカのベンチャー企業が，ベンチャー・キャピタリストという投資家に出資をしてもらうためにビジネスプランを説明する際には，エレベーターピッチ・プレゼンテーションができなければならないといわれています。エレベーターピッチとは，エレベーターが昇降する速さのことで，わずか数十秒です。投資家と一緒に乗り合わせたエレベーターの中で，相手が降りるまでの数十秒の間に，自分の考えたビジネスの要点を簡潔に説明して理解してもらえなければ，その先の詳しい話を聞いてもらうこともできない，というのです。そう考えると，ビジネスプランの名称や社名，ロゴといった簡潔な表現でビジネスの本質を語れることがいかに重要なのかがわかります。

　たかがネーミング，されどネーミング。ビジネスプランの名称は，ビジネスプラン作成の最初から最後まで，一番頭を悩ませる項目になるかもしれません。

もしもピンと来るネーミングやわかりやすい表現ができないときには，ビジネスの内容自体にあいまいなところが残っていないかをもう一度考えてみるとよいでしょう。一度でピッタリ当てはまる表現に出会うこともあれば，何度も何度も書き直すこともあります。大切なことは，自分自身が心から納得のいくものになるまで，粘り強く考え続けるということです。

3-3 ● ビジネスプランの概要

　ビジネスプランの概要は，事業コンセプトをより具体的に説明すると同時に，ビジネスプラン全体の要点を盛り込みながら作成します。たとえば，どっぐキッチンの「手作り感が味わえる自然派志向のペットフード」のビジネスプランの概要は，次のようにまとめることができます。

　〈どっぐキッチンの概要（例）〉
　現在日本では，空前のペットブームが起こりつつある。2002年度のペットフード市場は2,390億円と前年比2.2％増で成長し，コンパニオンアニマル（伴侶動物）と呼ばれるほど，ペットは人間にとって重要な存在になってきている。また，衛生・医療の発達によるペットの長寿化や，飼い主である人間のライフスタイルの多様化，健康ブームの影響により，ペットとの共同生活も長期化している。
　そうしたペットとの生活をさらに豊かで健康的なものとするために，どっぐキッチンでは，手作り感の味わえるペットフードを提供し，ペットの食生活を改善することを提案する。具体的には，冷凍生地と材料を全てキット化し，最終工程の成型や加熱だけを家庭で仕上げるという形で手軽に手作りできるクッキーやマフィンを製造・販売する。そして，会員登録した顧客に商品を定期的に発送し，購買の手間を省くことにより，顧客の生活に密着したサービスを提供する。

このように，ビジネスプランの概要には，そのビジネスによって顧客がどんなメリットを享受できるのかという事業コンセプトの要点，そのビジネスが必要となった社会背景や市場の魅力度，事業全体のビジネスモデルなどを簡潔にまとめます。限られた字数の中で表現しなければならないので，あれこれ盛り込みすぎずに，何を捨てて，何を残すかを考える必要があります。最も強調したいところを論理的かつ効果的に訴えると，読み手もさらに詳しいプランの内容を読みたいと思うことでしょう。

3－4 ● ターゲット顧客と顧客の便益

(1) R＋STP＋MMの原則

　ここからは，ビジネスを構成する個々の項目の詳しい説明に入っていきます。新しいビジネスを考えるときには，まず初めに，どういう顧客層を狙うのか，つまりターゲットは誰なのかを明確にしておかなければなりません。ターゲットは的のことなので，日本では，ターゲット顧客は標的顧客と言われます。

　ターゲット顧客を定めることが大切なのは，大企業の既存ビジネスでも同じですが，とりわけ，新しく始めるビジネスでは，ターゲットを明確に絞り込み，「小さく始めて大きく育てる」ことが事業の成功の鍵を握っています。

　ここで，マーケティング分野でよく知られているR＋STP＋MMの考え方を紹介しましょう[8]。

　まず，最初のRはリサーチ（Research）です。市場調査や業界調査など，さまざまなデータ収集を行うことから，ターゲット顧客の絞り込みは始まります。

　次に，STPとは，セグメンテーション（Segmentation），ターゲティング（Targeting），ポジショニング（Positioning）の頭文字を取ったものです。その流れは，図3－2に示したとおりです。

図3-2 STPの流れ

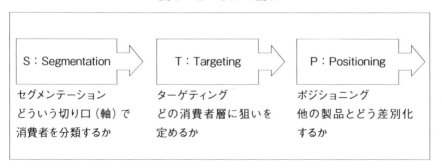

　セグメンテーションは，市場を細かい部分（セグメント）に分けることで，市場細分化といわれます。セグメンテーションの切り口は，表3-2に示したように人口統計的（Demographic）に年齢や世代で分けたり，社会経済的に所得や職業等で分けたり，地理的に居住地等で分けたり，心理的にライフスタイルや性格で分けたり，生活行動的に商品やサービスの使用経験や使用率などで分けたりなどと，いろいろ考えられます。

　セグメンテーションによって同じニーズを持つ消費者のセグメントに細分化できたら，次は，細分化したセグメントのうち，どの顧客層を狙うのかを定めるターゲティングの段階に進みます。

　ここで最も大切なことは，表3-3に示したターゲティングの基本を守ることです[9]。ターゲティングの基本は，1）定義できること，2）意味があること，3）規模があること，4）到達できること，この4つです。

　細分化したときに，その分けたセグメントに存在する顧客の共通点が明確でなければ，顧客層として定義できません。また，定義できたとしても，その定義が購買につながらなければ意味がありません。定義できて購買につながるとしても，それが数人にしかならないのであれば，事業が成り立ちません。そして，ターゲット顧客が存在するとしても，その人たちにアプローチして到達することができなければ，ビジネスにはならないのです。

表3-2　セグメンテーションの切り口

人口統計的変数	年齢，性別，家族数など
社会経済的変数	所得，職業，教育水準など
地理的変数	居住地，気候，人口密度など
心理的変数	ライフスタイル，性格など
生活行動的変数	使用経験，使用率，使用時間帯，利用店舗など

出所）石井淳蔵他『ゼミナールマーケティング入門』日本経済新聞社，2004年，p.225。

表3-3　ターゲティングの基本

1）定義できる	顧客の共通点が明確である
2）意味がある	その共通点が購買につながる
3）規模がある	事業が成り立つ規模である
4）到達できる	ターゲット顧客にアプローチできる

出所）Barringer, B.R. and R.D. Ireland, "Entrepreneurship : Successfully Launching New Ventures," Pierson Prentice-Hall, 2006.

　ここでは，家庭用携帯型ゲーム機の例で考えてみましょう。図3-3は，横軸に年齢，縦軸に使用率をとって，どのセグメントをターゲット顧客層として狙うかを図に表したものです。従来の家庭用携帯型ゲーム機が20～30代の使用頻度の高いヘビーユーザーを対象としていたのに対して，10代から50代まで幅広い年齢層の，あまりゲームをしないセグメントを狙って成功した家庭用ゲーム機があります。それが，2004年に発売されて大ヒットした任天堂株式会社のニンテンドーDSです。

図3－3　家庭用ゲーム機のターゲティング

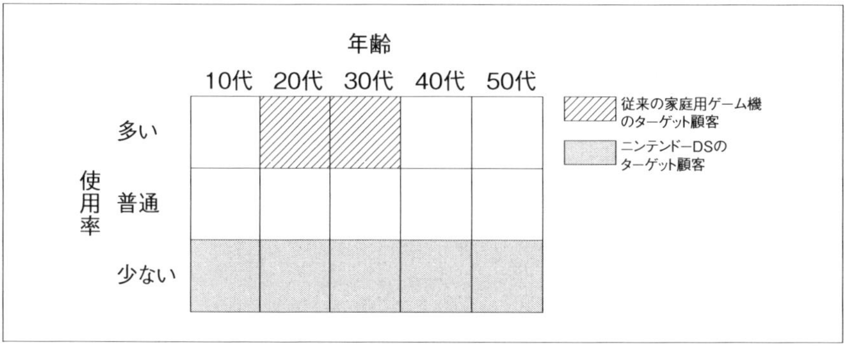

[図：縦軸「使用率」（多い・普通・少ない）、横軸「年齢」（10代・20代・30代・40代・50代）。斜線部分が「従来の家庭用ゲーム機のターゲット顧客」（20代・30代の使用率「多い」）、網掛け部分が「ニンテンドーDSのターゲット顧客」（全年代の使用率「少ない」）。]

　ターゲット顧客を明確にし，他社と比較した自社の製品やサービスのポジショニングを的確に行えば，マーケティングの4Pといわれる製品（Product），価格（Price），販売促進（Promotion），流通（Place）の戦略も立てやすくなります。マーケティングの4Pは別名をマーケティング・ミックス（Marketing Mix）とも称されることから，この頭文字をとって，ここではMMと呼んでいます。
　以上のように，新しいビジネスの市場を考える際には，R＋STP＋MMという3つの段階でとらえるとよいでしょう。

(2) ターゲット顧客の定め方

　次に，ターゲット顧客の定め方について，どっぐキッチンのケースで具体的に考えてみます。どっぐキッチンでは，ターゲット顧客として，表3－4のような3パターンの顧客層をまず考えました。これらはいずれもペットを飼うことに積極的だと思われるターゲット顧客です。しかし，ペットを飼いたい気持ちは共通していても，三者の間では，たとえば年収や情報入手経路が違います。こうした違いは，ビジネス上，ペットフードの値段設定や広告やプロモーションの方法をどうするか，どんな販売方法を取るかといった点に影響してきます。
　ビジネスプランを考える際には，これらのターゲット顧客のいずれかを狙うのか，すべてを最初から狙うのか，あるいは，最初はターゲット顧客1だけを

表3-4　どっぐキッチンのターゲット顧客

	ターゲット顧客1	ターゲット顧客2	ターゲット顧客3
年齢	40代女性	60代夫婦	20代独身女性
家族構成	3人家族	子供・孫が自立	一人暮らし
世帯年収	1千万	180万	300万
現在の状況	子育て終了	年金暮らし	広告代理店勤務
趣味	ガーデニング，旅行	カメラ，ウォーキング	エステ，音楽鑑賞
情報入手媒体	テレビ・広告	インターネット・新聞	口コミ・ファッション雑誌

狙い，事業が軌道に乗ってきてから，ターゲット顧客2や3へとビジネスを拡大していくのか，といったように，複数の選択肢の中から最適なやり方を選ばなければなりません。自社の資源や能力を考えて，どういう形でビジネスを展開していくかを決めていくことが必要です。仮に複数のターゲット顧客を狙う戦略を取る場合は，単に商品を生産する量が増えるだけでなく，マーケティングの4Pの戦略も変わってくることを意識しておきましょう。

(3) 顧客の便益

次に，ターゲット顧客に対して，新しいビジネスがどんなメリットを与えるのかをきちんと表現して伝えていく必要があります。ビジネスの専門用語では顧客のメリットのことを便益といい，英語ではベネフィット（benefit）といいます。

便益の程度は，顧客のニーズにどれだけ応えているかによって変わってきます。どんなに新しい商品やサービスであっても，顧客がメリットを感じていなければ，便益の程度が高いとはいえません。また，仮に強いニーズがあったとしても，すでにある商品やサービスである程度満足されていれば，わざわざ新しい商品やサービスを世の中に出さなくてもよい，ということになります。

そこで，新しいビジネスによって顧客の便益を高めることができると証明するためには，質問票調査（アンケート）や聞き取り調査（ヒアリング），市場動向の調査などを行って，新しいビジネスが必要とされるほど強いニーズが存

在すること，そして，それを満たす方法が現状では見当たらないことを客観的な数字やデータで示すことが大切です。

どっぐキッチンのチームは，さまざまなデータ収集を行った結果，既存の2次データ（第5章参照）の中に「ペットフードを利用しない理由」を調査した結果があるのを見つけました（図3－4参照）。この調査はペットフード工業会[10]が実施したもので，それによると，ペットフードを利用しないのは「残り物をあげるから」という理由が最も多かったのですが，それに続いて，「自分で調理している」「ペットに飼い主と同じものをあげたい」「ペットが好まない」といった理由が挙げられていました。このデータが，どっぐキッチンのビジネスが顧客の抱えている問題を解決し，便益を与えることを裏づける証拠の1つとなったのです。

図3－4　ペットフードを利用しない理由

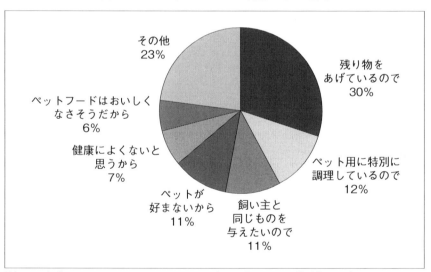

注）2003年度。N=1,738。ペットフードの利用率が5割以下の世帯対象に調査。
出所）一般社団法人ペットフード協会ホームページを参考に作成。

3-5 市場の魅力度

(1) ブルー・オーシャンを狙う

　ターゲット顧客や便益が明確になっても，それが非常に限られた規模のものであれば，投資をしてビジネスを始める意味はあまりありません。かといって，いきなり成熟した大きい市場に参入するのも無理があります。なぜなら，大きな市場に参入すると，競争が激しく，利益も上げづらいため，事業の運転資金に困るケースが多くなるためです。商品を作るにしても，一気に大量生産の体制を作るには多額の設備投資が必要となり，失敗したときのリスクが大きくなります。

　本章第3－6節で述べるブルー・オーシャン戦略のように，競争を避けて，最初は小さいけれども将来は大きく成長するような潜在的な市場を見つけることが新しいビジネスを始めるときには有効です。誰も始めていないビジネスであれば，最初は市場規模も小さく，大企業にとっては魅力の少ない市場です[11]。市場を自力で開拓していく営業努力は必要ですが，価格競争に苦しむことなく，市場の一番手として先行者利益（first-mover advantage）を享受しながら，ある一定期間は十分な利潤を上げることができます[12]。

　他方で，規模がそれなりに大きな市場であっても，非常に早いスピードで成長している市場であれば，たとえ市場シェアは小さくても，市場自体の成長によって売上も拡大する可能性があるため，新しいビジネスで参入するには適しています[13]。

(2) 需要予測の意味

　ここで疑問を持たれる方がいるかもしれません。まだ世の中にない新しいビジネスを始めるときに，市場規模をどのように推定すればよいのでしょうか。

　確かに，市場がどう動くかは，ビジネスを始めてみなければわかりません。なぜなら，自社が参入する前の市場の状況には，自社が参入した後に市場にどういう影響を与えるかは反映されていないためです。たとえば，デル・コン

ピュータ社（現在はデル社）がダイレクト・モデルといわれる直販体制でパソコン市場に参入した結果，パソコン市場の勢力図は大きく変わりました（第10章参照）。

しかし，予測できないと嘆いているだけでは，ビジネスプランもビジネス自体も前には進みません。事業の協力者や投資者を説得するためには，市場規模の予測という客観的な数字は何よりも強力です。また，自分自身が自信を持って仕事を進めるためにも，市場規模を予測しておくことは意味があります。もし仮に予測が間違ったとしても，勘や憶測で出した数字とは違って，なぜその数字を導いたかがわかっていれば原因がわかり，対策も採りやすいのです。

(3) 需要予測の方法

需要予測の方法には，主に2つあります。それらは，マクロ的需要予測，ミクロ的需要予測です。マクロ的需要予測とは，市場全体を1つのまとまりで考えて，その何パーセントを狙うかといった形で市場規模を予測するものです。一方，ミクロ的需要予測とは，市場全体を細かく分割し，その分割した市場ごとに需要の動向をつかんで積み上げて推計するものです[14]。

どっぐキッチンのケースで説明してみましょう。どっぐキッチンのビジネスプランでは，まず総務省のデータに基づき，日本の全世帯数は約4,877万世帯であること，そしてペットフード工業会のデータから，そのうちの犬の飼育世帯数は約1,140万世帯で，世帯全体の23.4％を占めることを示しました。さらに，ペットを飼っている世帯のうち，2003年現在では，ほとんどペットフードを使用している家庭の割合が約66％であることを指摘しました。図3－5がその参考となるデータです。

さらに，すでに述べたように，ペットフードを利用しない理由の調査に基づき，どっぐキッチンの狙っているターゲット顧客のニーズと合致している世帯の割合などを調べました。そして最終的に，最も楽観的な見込みとして狙える潜在市場は約148万世帯であると試算しました。この数字は，犬を飼っている世帯の約13％に当たります。

しかし，この数字は，あくまでも全世帯が発売と同時に全員買ってくれるこ

図3−5 毎月のペットフードの利用割合

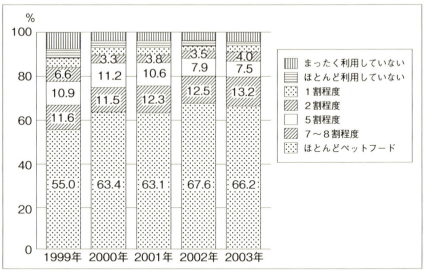

出所) 一般社団法人ペットフード協会ホームページ。

とを想定していますので，現実的な数字ではありません。そこで次に，このチームは自社で実現できそうな売上，ある期間に販売できそうな商品の個数，目標として稼ぎたい利益などを総合的に考えて，最終的に狙う市場の規模をビジネスプラン上で提示しました。

　ここでは，具体的な数字はあえて伏せています。なぜなら，数字合わせをすることが目的ではなく，いかに論理的に市場を予測するかが大事だからです。予測なので，外れることもあるでしょう。しかし，これまで述べてきたように，いくつかの要素に分解して，ロジカルに考えていけば，仮に予測が外れたとしても，何が原因だったかを分析しやすくなるのです。

　どっぐキッチンの需要予測では，市場全体の潜在規模というマクロな視点と，自社で販売できるターゲットや生産能力といったミクロな視点をうまく組み合わせていることがわかります。このチームはさらに，公開されている2次データを利用するだけでなく，大学生を対象にペットに対する意識調査を行うなど，

自分たちでも独自の1次データを集めて，需要予測の根拠を固めていきました。そこまで頑張れたのは，本当に自分たちが考えたビジネスがうまくいくのかを見極めたいという強い熱意があったからです。

　ビジネスのアイデアや事業コンセプトを考える初期の段階では，ラフな予測でも十分です。もしも余力があれば，ダイナミックな予測として時系列分析で市場の成長率を加味したり，あるいは，ペットではなく人を対象とした自然食品の市場がどうなっているか等，関連する類似市場の動向を参照するのもよいでしょう。とりわけ，既存市場が存在しないビジネスの場合は，類似の市場やビジネスから類推して，読み手を説得できるような算出方法を考えるしか方法はありません。

　既存の商品やサービスであれば，外挿法といって，過去のデータからトレンドを読み取り，それを何らかの仮定に基づいて将来に当てはめる形での予測もできます。しかし，今までにない新しい商品やサービスを考えるときには，どうやって市場を予測するか自体が新しい試みであり，解決しなければならない課題となります。そこで，各自の創意工夫が試されます。

　筆者自身もかつて，あるメーカーで本を簡単にコピーできるデジタル複写機を世界で初めて開発したとき，出版されている本の数や厚みを調べたり，ターゲット顧客となる可能性のある全世界の図書館や事業所の数を調べたり，自社の営業担当者に同行して顧客の生の声を聞いてみたりと，さまざまな角度からデータを積み上げて，市場予測を行った経験があります。そして，そのデータに基づいて，社内のプレゼンテーションで，上司やトップを説得していきました。何が正解かわからない中で，手探りのまま進める調査には不安も伴いますが，徐々に市場の全体像が見えてくると，調べるのが楽しくなってきます。

　初めてのことは，誰も正しい答えを知りません。自信を持ってビジネスプランを作り，プレゼンテーションを行うためには，自分自身が納得いくまで調べて，根拠があると信じる数字を積み上げていくしかないのです。誰よりも一番深く考えて調べられていれば，ビジネスプランやプレゼンテーションを聞く人にも，その熱意や論理は必ず伝わります。

　今は，インターネットでたくさんの情報が効率的に入手できる時代です。ど

ういう切り口で情報やデータにアプローチするかを工夫して，ぜひ皆さん独自の市場予測方法を案出してみてください。

3-6 ●競争状況

(1) 競合分析の考え方

　成功するビジネスは，"Something new, something better." だと言われています。つまり顧客にとって，新しく，かつ魅力があるビジネスであることが必要です。

　事業を企画する際には，そのビジネスが他社と比べて本当に顧客にとって新しいものなのか，そして本当に魅力のあるものなのかを慎重に検討し，競争に勝てるという確信を持たなければなりません。そのためには，参入する市場についての競合分析を行い，次のような項目を明らかにするとよいでしょう。

　・競争相手は存在するのか。
　・どんな競争相手がいて，誰が一番強敵か。
　・その競争相手に勝つにはどうすればいいか。

　まず，競争相手が存在するのかを知るためには，対象となる市場の動向を調べ，どういった企業が参入し，どういう事業を行っているのかを調べます。その際，表3-5で示したようなフォーマットでまとめていくと，競争相手と自社との違いが比較でき，理解しやすくなるでしょう。

　競合と比較する項目については，表3-5の項目はあくまでも一例であり，表に入れるのはどのような項目でも構いません。ただし，自社に有利になるような項目だけを入れるのはフェアではないので，客観的に考えて，ビジネスを評価する際に必要と思われる項目で比較するようにしましょう。

　もちろん，自社の得点が高い方が望ましいのですが，仮に得点が低い項目があっても，それは言い換えれば，既存のビジネスと十分差別化できているということでもあります。すべてがオールラウンドに高い評価になることは少ない

表3−5　競合分析のフォーマット例

	自社	A社	B社
品質			
価格			
納期			
ブランド力			
店舗の立地			
サービス			
合計			

のです。むしろ，得点が低い部分を弱点として正しく認識し，足りないところをどうやって強化していくかを考える材料とすることが大切です。

　また，明らかに自社の方が有利であるような相手を選んで比較しても，ビジネスプランの読み手にはすぐにわかってしまいます。それよりも，あえて強そうな相手と比較して，相手の強みをどう逆手にとって攻めるか，相手の弱点を自社の強みにどう変えていくかなど，強い相手に打ち勝つための戦略を立てる方が有益です。

(2)　**意外な競争相手**

　なお，競争相手を考えるときに，気をつけなければならないのは，誰が競争相手になりうるかを慎重に考えて選ぶということです。

　たとえば，デジタルカメラの例で考えてみましょう。デジタルカメラの新製品を考えている場合，競合企業としてすぐに思いつくのは，デジタルカメラのメーカーです。

　しかし競争相手は，本当にそれだけでしょうか。皆さんが写真を撮るときには，何を使っているでしょうか。携帯電話で撮影する場合もあるでしょう。あるいは，みんなで集まってプリクラを撮ることもあります。

　普段の消費行動では，このようなさまざまな場面で写真を撮っているにもかかわらず，デジタルカメラのビジネスを考えるときには，ついデジタルカメラという製品（モノ）だけを考えてしまいがちです。

とくに最近は，携帯電話やパソコンでテレビを見ることができたり，携帯電話やデジタルカメラで動画が撮影できたり，競争関係が複雑になってきています。テレビのチャンネル争いをしていた家族が，個々に携帯の動画を見て解決するのであれば，2台目のテレビを買う必要はありません。

デジタル機器だけではなく，たとえば，ジュースやビールの競合も複雑です。ジュースやビールは普通，飲料同士で競っていると考えられます。しかし，ジュースやビールが，ハムや洗剤と競合することがあるのです。どういうことでしょうか。それは，お中元やお歳暮などのギフト市場での話です。

以上のように，競合分析を行う際に大事なことは，消費者の立場に立って，誰が本当の競争相手になるのかをよく考えて，分析するということです。

(3) 競合分析の事例

次に，どっぐキッチンの例で，競合分析を行ってみましょう。

どっぐキッチンのチームは，まずペットフードのメーカーが自社の競争相手になると考えました。また，自分でペットの食事を手作りするケースも，競合分析の対象に含みました。それは，手作りで間に合っていると消費者が考えてしまったとしたら，どっぐキッチンの製品はその消費者には売れないからです。

表3－6がどっぐキッチンの競合比較表です。安全性・手作り感・手軽さ・価格・消費回数の5項目で，自社の製品と手作りした場合，ペットフードの場合の3つのケースを比較しています。評価は5段階で行いました。チームメンバーが複数いる場合は，平均点を使うようにするとよいでしょう。また，もし余裕があれば，ペットを飼っている消費者にアンケートを取れば，より説得力のあるデータになります。

図3－6は，表3－6をグラフに表したものです。この図から，どっぐキッチンは，比較したすべての項目ではほぼ高得点を挙げているのに対し，手作りした場合とペットフードの場合には，極端に点数が低い場合があることがわかります。

また，この図から，どっぐキッチンが作ろうとしているのは，手作りとペットフードの弱点をうまく補い，融合させた商品であることも読み取れます。

表3-6 どっぐキッチンの競合比較表

	どっぐキッチン	自分で手作り	ペットフード
安全性	5	3	2
手作り感	4	5	2
手軽さ	4	2	5
価格	4	5	4
消費回数	3	4	5
合計	20	19	18

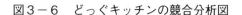

図3-6 どっぐキッチンの競合分析図

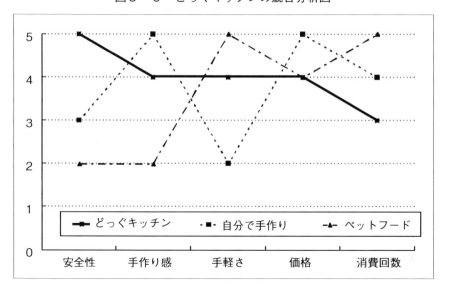

(4) 競争せずに勝つ方法

ここまでは，競争相手がいることを前提に，競合分析について説明してきました。しかし，本当に成功するビジネスというのは，そもそも競争のないところに市場を創造するものです。

チャン教授とモボルニュ教授は，『新版 ブルー・オーシャン戦略』という本の中で，表3-7のように，ブルー・オーシャンとレッド・オーシャンの違い

を述べています[15]。それによると，レッド・オーシャンは，同じ次元で競争するために，血の海で競うような激しい競争に巻き込まれるのに対し，ブルー・オーシャンは，新たな価値と次元を打ち出し，新しい市場を創造するために，競争とは無関係の世界を切り拓くことができるといいます。

ブルー・オーシャン戦略を実現するためには，表3－8のようなアクション・マトリクスを参照し，業界の標準や常識と比べて，何を取り除き，何を減らし，何を増やし，何を付け加えるかを考えることが推奨されています。また，(1)で説明した競合分析とも似ていますが，図3－7，図3－8にあるような戦略キャンバスを描いてみることも，他社と明らかに違う市場を狙えるかどうかを判断する上で有効です。

図3－7，図3－8は，関西大学商学部の3年次生が行った研究の一部です。この学生たちは，カフェ業界を研究し，既存のカフェ・ビジネスに対して，新規参入の2社の競争力がどうなっているのかを，ブルー・オーシャン戦略の戦略キャンバスを用いて分析しました。この学生たちは，大阪の喫茶店やカフェで94名の消費者にアンケートを取りました。そして，品質と味，快適さ，雰囲気の良さ，サービスの良さ，ドリンクの種類，フードの種類，分煙，低価格，アクセス性といった項目について，5段階評価で尋ねました。その結果，非常におもしろいことがわかったのです。

図3－7にあるように，A社は既存のカフェと比べて，明らかに評価が違っています。しかもA社の方が，品質と味，快適さ，雰囲気の良さ等が高く評価されています。その分，価格に対する評価は劣りますが，逆にそれはA社は既存のカフェと明確に差別化できているということでもあります。つまり，A社はブルー・オーシャンを創造した可能性が高いといえるでしょう。

一方，図3－8を見ると，B社と既存のカフェの間では，消費者の評価にほとんど違いがありません。これは明らかに，同じ次元で競争しているレッド・オーシャンのケースです。しかも，フードの種類や価格の面では，B社は既存のカフェに劣っています。

実は，A社もB社も，企業の戦略としては似たような戦略を取っていると予測されていました。しかし，実際に消費者からデータを取って比較してみると，

A社とB社に対する消費者の認識は，大きく違っていたのです。事実，A社に比べてB社は市場で苦戦していました。

このカフェの事例からわかるように，消費者の目から見て，明らかに違いがわかるような戦略を取ることが，ブルー・オーシャンを創造し，競争をしないで相手に勝つための近道です。

表3－7　レッド・オーシャンとブルー・オーシャンの比較

レッド・オーシャン	ブルー・オーシャン
既存市場で競争	新市場の創造
競争に勝つ	競争とは無関係
同じ次元で競争	新たな価値と次元

出所）チャン＝モボルニュ著『新版 ブルー・オーシャン戦略』ダイヤモンド社，2013年。

表3－8　ブルー・オーシャン戦略のアクション・マトリクス

取り除く	増やす
業界常識として製品やサービスに備わっている要素のうち，取り除くべきものは何か	業界標準と比べて大胆に増やすべき要素は何か
減らす	付け加える
業界標準と比べて思い切り減らすべき要素は何か	提供されていない今後付け加えるべき要素は何か

出所）チャン＝モボルニュ著『新版 ブルー・オーシャン戦略』ダイヤモンド社，2013年。

図3-7 カフェの新ビジネスに関する戦略キャンバス：A社のケース

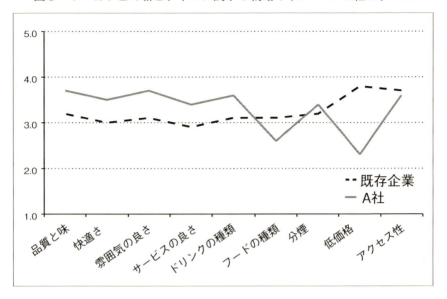

図3-8 カフェの新ビジネスに関する戦略キャンバス：B社のケース

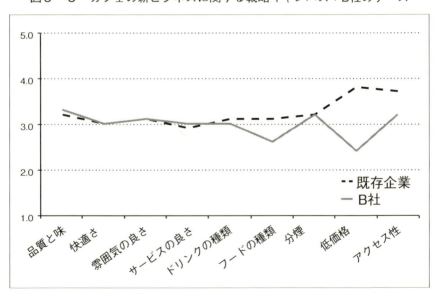

3-7 ●事業のイメージ図

(1) 事業イメージ図の例

　これまでのところで，ビジネスプランに必要な項目がかなり検討されてきました。ここでは，それらの項目をすべて盛り込む形で，事業全体のイメージ図を考えていきましょう。

　事業イメージ図に決まった描き方はありません。事業に関わると思われる顧客，原材料の供給企業，卸売企業，小売企業，広告代理店，物流企業，その他協力企業などと自社との関係がわかるような形で，わかりやすく図示していきましょう。

　図3-9は第10章のミニケース集で取り上げる株式会社ヒューモニーの「ベリーカード」の事業イメージ図です。電報を送りたい顧客がヒューモニーのホームページからネット電報「ベリーカード」を申し込むと，データが全国各地にある物流会社の事業所に送られ，そこで台紙に印刷されて，顧客の手元に届きます。これはあくまでも一例で，これ以外の関係者がいる可能性もありますが，少なくとも同社のビジネスのポイントとなる部分はここに描かれています。

図3-9　ヒューモニー「ベリーカード」の事業イメージ図

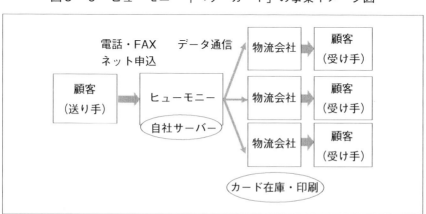

注）第10章ミニケース集　10-1⑩参照。

図3−10　どっぐキッチンの事業イメージ図

```
                    自動（ネット）会員登録商品定期発送
                    会員契約  自動継続  解除
  ┌──┐   ┌──┐   ┌──┐          ネット
  │市│原 │製│   │加│製       ／      ＼
  │場│材 │造│→ │工│品 → 自社         商品 → 顧客
  │  │料 │工│   │工│          ＼      ／
  └──┘   │場│   │場│          店舗
           └──┘   └──┘
              代金           代金
```

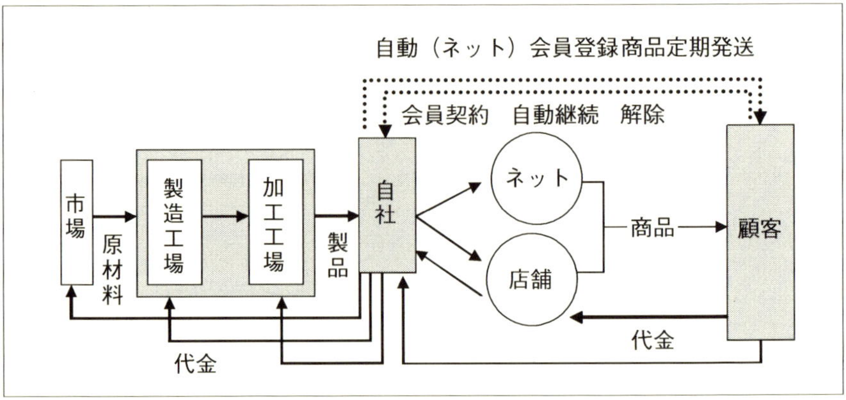

　図3−10は，学生が描いたどっぐキッチンの事業イメージ図です。工場と自社との関係，流通チャネルと顧客との関係などがわかりやすく表現されています。このビジネスプランでは，店舗での販売に加えて，ネット販売による顧客管理に特徴を出したいと考えていたため，その部分が強調されて描かれています。

(2) 事業イメージ図を描く意味

　このように，事業イメージのどの部分を強調して図示するかは，各自のビジネスプランの内容によって変わってきます。限られたスペースにすべてを描き込もうとするよりも，重要なところを強調しつつ，最低限ビジネスが成り立つために必要な要素を盛り込む形でまとめるとよいでしょう。

　事業イメージ図を描くことによって，これまで考えてきたことを整理することができるだけでなく，まだ気づいていなかった問題を発見できる可能性があります。一般に，事業コンセプトに近い核心的な部分については深く考えているものですが，それ以外の細かい部分は，時間的な余裕も少ないために，あまり考慮できていないことがあり得ます。

　ビジネスプランを提案する前の比較的余裕のある時期に，一度事業イメージ図でビジネスの全体像を描いてみることは，ビジネスプランで考慮すべき項目

の見落としをチェックし，ビジネスをより成功確率の高いものにしていくためにも有効です。

3－8 ●事業採算計画

　事業イメージ図が描けたら，事業から得られる売上やそれにかかる費用の全体像も明らかになってきます。事業採算計画の詳細については第8章で説明していますので，ここでは，基本的な考え方だけを簡単に紹介します。

　これまで誰も考えたことのないビジネスの採算計画を立てる時には，さまざまな仮定を立てることが必要です。本章第3－5節で述べたように，需要予測も非常に困難な状況の中で行わなければなりません。

　そこで，ぜひお勧めしたいのが「複数のシナリオを作る」ということです。たとえば，最も楽観的な場合，最も悲観的な場合，そしてその中間という3つの計画を作るのです。そうしておけば，仮に予想が外れたとしても，後で修正できる範囲が広がります。実際に結果が出たときに，どのシナリオにしたがっているかがわかるのも利点です。

　あまり保守的に考えるのも楽しくないのですが，新しいビジネスには常にリスクが伴います。第7章で詳しく述べるように，資金調達は自己資金で行うのが基本とはいえ，万一，資金を外部から調達している場合は，なおさら慎重に採算計画を立てる必要があります。

　新事業の採算計画で予測しなければならないのは，市場規模だけではありません。たとえば原価ひとつとっても，まだ本格的に調達を始めていない段階で考える必要が出てきます。また，事業が拡大してきたときに雇用する従業員の人件費，営業にかかる管理費や事業所の賃貸料など，長期的な計画を立てようとすれば，まったく見当のつかない要素が増えてくるのは当然のことです。正確な情報がない中で，数字合わせに労力をかけるのは時間の無駄です。むしろ，どうリスクを取るかという準備の方に力を注ぐべきでしょう。ある程度シナリオが描けたら，後はPDCAサイクルで修正していくことをお勧めします。

3-9 ●Key Factors for Success

　KFS（Key Factors for Success：成功の鍵）は，ビジネスの成否を左右する要因のことです。ビジネスプランをほぼ書き上げた段階で，全体を振り返り，何がその事業の成功を左右するポイントであるのかを考えて，整理していきます。

　図3-11は，どっぐキッチンの成功の鍵をまとめたものです。競合分析の結果，ペットの健康と安全を重視するという点が最も重要な訴求ポイントであることがわかったチームのメンバーは，それをうまく消費者に伝えることが成功の鍵となると考えました。また，ネット販売で顧客のデータベースを管理することにより，リピート購買を促すことも，安定需要の確保のために必要であると考えています。

　成功の鍵の検討は，自分のビジネスを客観的に判断し，弱みをどう強みに変えていくかを考えることでもあります。図3-12に示したSWOT分析などを行って，自社の強み（Strength），弱み（Weakness），機会（Opportunity），脅威（Threat）が何であるのかを検討してみるとよいでしょう。そして，もし弱みや脅威が見つかったら，それをどう解決すべきかを考えて，ビジネスプランの中に盛り込むことが大切です。

　これを行うことによって，自分自身のビジネスに対する不安を払拭できるだけでなく，投資家の前でプレゼンテーションするときやビジネスプランのコンペティションに提出したとき等にも，自信を持って質疑を行うことができます。

第3章　ビジネスプランの項目　41

図3-11　どっぐキッチンの成功の鍵

【成功の鍵】（Key Factors for Success）
①健康のためのレシピと添加物表示を強調する。
②最終加工過程をオーナーに残し，ペットフードの独自性と顧客満足感，安心感を与える。
③健康ブームに沿って，繊維質を多く取れるようにパウダーやドライフードを同封する。
④認知度を高め，リピート（再購買）をうながす。

図3-12　SWOT分析

S：Strength（強み）	W：Weakness（弱み）
O：Opportunity（機会）	T：Threat（脅威）

3-10 調査方法・参考文献

　ビジネスプランを作成した際に，参照したデータや文献があれば，必ずその出所を明記するようにしましょう。これは，ビジネスプランの読み手にその根拠を伝えるだけでなく，自分自身が後にプランを見直す際に，何を根拠に考えたことなのかを確認するためにも役立ちます。

ビジネスプランは，事業を考えたプロセスを記録したレポートでもあります。新しい情報が入ったらすぐにアップデートできるように，普段からデータの出所や文献に注意を払う習慣をつけておきましょう。

◀注▶
1　シュムペーター著『経済発展の理論―企業者利潤・資本・信用・利子および景気の回転に関する一研究』岩波文庫，1977年。
2　一橋大学イノベーション研究センター編『イノベーション・マネジメント入門』日本経済新聞社，2001年。
3　ジェームス・M・アッターバック著（大津正和・小川進監訳）『イノベーションダイナミクス―事例から学ぶ技術戦略』有斐閣，1998年。
4　トム・ケリー＆ジョナサン・リットマン著（鈴木主税・秀岡尚子訳）『発想する会社！　世界最高のデザイン・ファームIDEOに学ぶイノベーションの技法』早川書房，2002年。
5　平成24年度KUBIC2012の例。
6　将来，成功するビジネスとなる可能性があるにもかかわらず，アイデア・スクリーニングの段階でそれを選ばない失敗のこと。
7　関西大学2004年度2年次生の坂本小津江さん，椿井あやさん，藤端剛史さんのビジネスプラン。第7回小樽商科大学ビジネスアイディアコンテスト第2位（2005年1月）。
8　フィリップ・コトラー著（木村達也訳）『コトラーの戦略的マーケティング』ダイヤモンド社，2000年。および，青木幸弘・恩蔵直人編著『製品・ブランド戦略』有斐閣アルマ　現代のマーケティング戦略1，有斐閣，2004年。
9　Barringer, B.R. and R.D. Ireland, "Entrepreneurship: Successfully Launching New Ventures.", Pierson Prentice-Hall, 2006.
10　2009年4月1日より一般社団法人ペットフード協会に移行。
11　クレイトン・M・クリステンセン著（伊豆原弓訳）『イノベーションのジレンマ―技術革新が巨大企業を滅ぼすとき』翔泳社，2000年。
12　一橋大学イノベーション研究センター編『イノベーション・マネジメント入門』日本経済新聞社，2001年。
13　ジェフリー・A・ティモンズ著（千本倖生・金井信次訳）『ベンチャー創造の理論と戦略―起業機会探索から資金調達までの実践的方法論』ダイヤモンド社，1997年。
14　嶋口充輝・石井淳蔵『新版・現代マーケティング』有斐閣，1995年。
15　W・チャン・キム＝レネ・モボルニュ著（有賀裕子訳）『新版　ブルー・オーシャン戦略』ダイヤモンド社，2013年。

Part 2
発　展

第4章
アイデア出しを成功させる

4－1 ●グループ・ディスカッションの秘訣

(1) なぜ何も決まらないのか

どんな場面でも構いません。グループで集まって議論したときのことを思い出してみてください。

「ほとんど発言が出なくて沈黙が続いてしまった」
「結論が得られないまま時間だけが過ぎていってしまった」
「議論は盛り上がったけれど，結局，何も決まらないまま終わってしまった」

このような経験は誰しもあるはずです。ビジネスプラン作成に向けて，チームでよく話し合って決めなければならないことはたくさんあります。そうなった時に「とりあえず集まろう」「決まるまでトコトン議論しよう」と言って集まると，目的があいまいなままの時間無制限のミーティング（ディスカッション）になりがちです。

そうなるのは前向きな姿勢ゆえのことですが，これでは，どれほどやる気があってもディスカッションはうまくいきません。最初はよくても，無駄な時間を過ごすことが多くなると，チームの士気もだんだん下がっていきます。それでは，よいアイデアも出ませんし，生産的な議論もできません。実は，そのような事態に陥らないようにするための秘訣があります。

ミーティング（ディスカッション）を成功させるポイントは，ゴール設定と

タイムキーピング，役割分担です。後に紹介するブレーン・ストーミングなどのディスカッションの方法はたくさんありますが，このゴール設定とタイムキーピング，役割分担はあらゆるディスカッションに必要なことです。

(2) ゴールを設定する

グループ・ディスカッションを成功させる第1のポイントは，ぱっと見てわかる表現で達成可能かつ検証可能なゴールを設定することです。サッカーの試合で，チームのメンバーがゴールがどこにあるのかわかっていないと話になりません。

グループでのディスカッションも同じで，ゴール（最終的な目標）をディスカッション開始前にメンバー全員で確認することが大切です。最終的な目標とは，たとえば「事業アイデアを100件出す」「3センテンスで表現した事業コンセプトを仮決定する」「ビジネスプラン提出までの週単位のスケジュールを決定する」といったものです。

ここでのポイントは，決めた時間内で達成が可能であり，しかもその達成が検証可能なゴール（最終的な目標）を設定することです。チームのメンバーがぱっと見てわかる具体的な表現でゴールを設定しましょう。

(3) 時間を意識する

グループ・ディスカッションを成功させる第2のポイントは，メンバー全員でタイムスケジュールを確認して，常に残り時間を意識しながらディスカッションを進めることです。ディスカッションのために与えられた時間を，さらに細かく分割して，決めてしまいましょう。

たとえば最初の1分間でゴールとタイムスケジュールを確認し，次の1分間で司会係，書記係，発表係などの役割分担を決め，3分間で全員で意見を自由に出し合い，5分間でグループとしての見解をまとめて発表を準備するといったように，ゴールまでの必要なステップに従って時間を区切り，メンバー全員がそのタイムスケジュールを確認できるようにすることが大切です。

(4) 役割分担を決める

　ディスカッションを成功させる第3のポイントは，表4-1に示したように，司会進行，書記，発表，タイム・キーパーなどの役割分担を決めることです。役割分担をしないと，司会進行も書記も発表も誰か特定の1人になりがちです。役割分担はメンバーの参加意識を高めます。司会進行係と書記係とは別に発表係を設けるのがポイントです。なお，固定メンバーでディスカッションを繰り返す場合には，持ち回りでやりましょう。

　ここまで準備ができたら，いよいよディスカッションのスタートです。メンバー全員に見えるように，ゴールとタイムスケジュール，役割分担を書いてディスカッションを進めましょう。参加人数に応じてA3判用紙，模造紙，ホワイトボード（黒板）などにゴールを中央部分に大きく書き，タイムスケジュール，役割分担を周辺部に書いて，それを取り囲むようにして円状あるいは半円状に着席して進めます。ゴールとタイムスケジュール，役割分担が常に全員の目に入るようにすることがポイントです。タイマーなどを使って残り時間も全員がわかるようにしておきましょう。これなら，議論が白熱しても，脱線することなく，全員がゴールに向かって走ることができます。

表4-1　グループ内の役割分担と担当する仕事の例

役割	担当する仕事
司会進行係	所定時間内にゴールに到達できるように，メンバーの発言を交通整理しながら，ディスカッションを進めます。
書記係	メンバーの目前で発言と議論のエッセンスをメモや図解にして，ディスカッションの進行を助けます。書記係のメモ・図解はディスカッション終了時には議事録となります。
発表係	書記係が作成したメモ・図解に基づいてディスカッションの結果を外部にわかりやすく伝えます。たとえばグループでのディスカッションの結果を持ち寄ってクラスでのディスカッションに移行する場合など，ディスカッションの結果をすぐに返す（発表する）場合に必要です。
タイム・キーパー	ディスカッションにかかる時間を決め，タイマーなどで時間を計って，議論が時間通りに進むように調整します。

4-2 ● ブレーン・ストーミング

　新しい事業アイデアを出せと言われても，すぐに優れたものを出せる人はごく少数でしょう。そのようなとき，すでに確立された発想法や手順を知っておくと，効率的にアイデアを出すことができます。ここでは，ブレーン・ストーミング（Brain Storming：ブレスト）とKJ法をご紹介しましょう。

(1) ブレーン・ストーミングとは

　ブレーン・ストーミングは，グループでのアイデア出しのための最も代表的な発想法です。この発想法はアメリカの広告会社BBDO社の副社長であったアレックス・オズボーンが開発しました。ブレストを行うには，人数は5名から10名，時間は5分から60分が適正です[1]。

(2) 4つのルール

　ブレストを進めていく上で，「批判厳禁」「自由奔放に」「質より量」および「結合改善」という重要な4つのルールがあります。

　「批判厳禁」ルールは，出されたアイデアに対して批判的な態度をとらず，むしろすべてのアイデアを歓迎することです。批判は，学問の発展に非常に重要な役割を果たしますが，ここでは出されたアイデアに対して批判を加えると，それがたとえ価値のあるものであっても，「こんな突拍子もないアイデア出していいのかな」「笑われてしまうかもしれない」などと自己規制してしまって，アイデア出しが鈍ってしまいます。口に出して表現することも態度で示すこともいけません。批判的態度はメンバー（他者）へはもちろんのこと，自己へも取ってはいけません。

　「自由奔放に」ルールは，自由な発想で，遊び心でアイデアを出すことです。奇想天外なアイデアも大歓迎です。誰も思いつかない奇抜なアイデアを自己規制せず，どんどん気軽に出しましょう。

　「質より量」ルールは，アイデアの質よりも量をまず大事にすることです。

優れたアイデアはすぐには得られません。アイデアを奇抜なものや「一見ぱっとしない」ものも含めて山ほどたくさん出していくうちに得られるものです。富士山を思い浮かべてください。富士山は，あれだけの広い裾野があって初めて3,776mの日本最高峰になるのです。アイデアも同じです。回り道に感じるかもしれませんが，山ほどアイデアを出すことが優れたアイデアを生む近道なのです。

「結合改善」ルールは，すでに出されたアイデア同士を自由に組み合わせて新たなアイデアを生み出すことです。出てきたアイデアで遊ぶイメージで，自由気ままに組み合わせてみましょう。他のアイデアと組み合わされることによって「一見ぱっとしない」アイデアがキラリと光るアイデアに変身したり，奇想天外なアイデアが一転して実現可能性の高いものになったりします。ここでも重要なのが「自由奔放に」ルールです。

(3) 進め方のコツ

では，上記ルールに基づいてどうやってブレストを進めたらいいのでしょうか。まず，ゴールとタイムスケジュール，役割分担を決めた上で，テーマが大書された大きな紙やホワイトボードを囲んで着席します。そして出てきたアイデアは書記係が付箋にすばやく書いてメンバー全員が見えるように貼っていきます。

アイデアが出てくるたびに，たとえ「ちょっとそれどうなの」と思ったとしても，拍手をして「いいねえ」「すばらしい！」などと合いの手を入れることを全員で実践してみましょう。出てきたアイデアに刺激されて「じゃあ，こういうのはどう？」と新しいアイデアを出すことも歓迎です。

ただし，ゴールを忘れて出されたアイデアについて検討を始めてはいけません。アイデアが出されたら拍手と合いの手ですぐ次のアイデア，というイメージでどんどん進めてください。とにかくアイデア出しに集中することが大切です。

基本的にブレストは，発言を強制せずに，自由に行うことが大切です。しかし，ブレストを行うメンバーが初対面であるなど，発言を自由に行える雰囲気

ではない時には，時計回りなど発言順を決めて順番に発言してアイデアを出していくやり方が有効である場合もあります。このやり方であれば，発言がなくて場が凍りつくこともありませんし，特定のメンバーがたくさん発言をすることもなくなります。全員が発言することで場もよくなり，結果的により優れたアイデアを生み出すことができます。

どうしてもアイデアが思い浮かばないときには「パス」もありですが，苦し紛れに出したアイデアが意外にも優れていたりするので，ちょっとがんばって出してみましょう。また，付箋に書いてから発言してもらうのも有効です。これなら発言が苦手なメンバーも安心して発言できますし，書記係の手間が省けて記録を作成するときに重宝します。

4−3 ● KJ法

(1) KJ法とは

ブレーン・ストーミングで事実やアイデアがたくさん出たら，今度はそれを1つにまとめることが必要です。たくさんの事実やアイデアを1つにまとめるための技法の最も代表的なものはKJ法です[2]。

KJ法は，文化人類学者の川喜田二郎氏がフィールドワークの研究結果をまとめるために開発したもので，アイデアや事実を1つずつラベル（紙片）に書き出して，それらをグルーピング・図解化（構造化）することによって1つにまとめる技法です。ここでは，初めてKJ法を使う場合を想定しながら，最も基本的なポイントのみを説明します。

KJ法は1人あるいは少人数で行うのに適しています。テーマの大きさとラベル（紙片）の数，KJ法に対する理解度にもよりますが，グループで行う場合には3〜5人が適正規模で，1時間以上は必要です。時間がかかるので頻繁に用いることはできませんが，切実に解決したいと思う問題，「のっぴきならない」問題に対してきっちりと答えを出したいときに最適な手法です。チームとしての統一した見解をまとめる際にも使えます。

(2) ラベルの作成

まず初めに，ゴールとタイムスケジュール，役割分担を決めた上で，メンバー全員がテーマに基づいてラベルを作成します。ここで使うラベルは，名刺大のカードでも付箋でもかまいませんが，裏がシールになっているラベルが扱いやすくて便利です。

1枚のラベルには1つのことを簡潔明瞭に書きます。キーワードでもKJ法は可能ですが，一つひとつを1つの文（ワンセンテンス）にすると，後で読み返したときに意味がはっきりして扱いやすくなります。

KJ法初心者が行う場合，作成するラベルの数は1人3枚程度，全体で10～15枚程度にしましょう。ラベルが数百枚になってもKJ法は可能ですが，ラベルが多くなればなるほど時間とより高いスキルが必要です。

(3) ラベルのグルーピングと見出し付け

次に，作成されたラベルを内容が本質的に似ているもの同士でグルーピングします。この「本質的に似ている」というところがポイントです。ラベル1枚1枚が語りかけてくる声に耳を傾け，言葉や表現は違っていても同じこと，似ていることを言おうとしているラベルを1つのグループにするのです。

ただし，似ているものをグループにすることと分類は異なるので注意してください。大まかにラベルを分けることから始めるのもいけません。たとえば「IT」が文中に含まれているラベルすべてを「IT系」としてまとめてしまうとうまくいきません。また，いずれのグループにも属さないラベル（離れザル，一匹狼）が出ても無理にグループに入れずに，1つのグループとして扱いましょう。そうしたラベルは全体の図解の際に大きな役割を果たすラベルである可能性があります。

いくつかのグループができたら，グルーピングしたものに見出し（表札）を付けます。見出しは，含まれるラベルすべてのエッセンスが表現されていることが必要です。グループに属するどのラベルよりも「濃い」見出しを付けてください。そのためには，ラベルからキーワードを拾ってつなげて圧縮するといいでしょう。

なお，見出しを付ける前から，グループ間の関係を考えてしまうとうまくいきません。意外に思われるかもしれませんが，見出しをすべてのグループに付け終わるまでは，全体図・設計図を描かないことが大切です。一つひとつの部品（見出しがついたグループ）をじっくり完成させてから，できた部品で何ができるか考えてください。こうした手順を順番にしっかり踏んでいくことが大切です。

(4) 図解とタイトル付け

以上のすべての作業が終了したら，最後にグルーピングしたラベルを模造紙に貼り付け，見出しをもとにグループ間の関係を図解（構造化）していきます。たとえば，原因と結果は矢印（→）で，相互関係は両矢印（←→）でグループ同士を結びます。

図解が完成したら，全体として言いたいことを考えましょう。それが全体のタイトルになります。このタイトルもワンセンテンスの方がいいでしょう。このタイトルも，各グループの見出しにあるキーワードを拾ってつなげてから圧縮するといいでしょう。このタイトルが問題（テーマ）に対する回答になります。

KJ法を複数名で行う場合，問題解決のプロセスがそのまま合意形成のプロセスになります。グルーピング，見出し付け，図解，タイトル付けのいずれの段階においても，メンバーの意見を尊重し，全員の合意を取りながら進めることが必要です。これによって，メンバーに対する理解も進みます。

◀注▶
1 高橋誠『問題解決手法の知識』（第2版，日経文庫）日本経済新聞社，1999年。
2 川喜田二郎『発想法』（中公新書）中央公論社，1967年。川喜田二郎『続・発想法』（中公新書），中央公論社，1970年。高橋誠『問題解決手法の知識』（第2版，日経文庫）日本経済新聞社，1999年。

第5章
ビジネスプラン作成とデータ収集

5-1 ●ビジネスプランとデータ・情報

　一般に，データ（data）とは「分析や意思決定のための情報」を意味し，情報（information）とは「研究や経験から引き出された知識」を意味します[1]。つまり，データはインプットとしての事実であり，情報は考察や解釈のフィルターを通過したものと言えます。この意味で，ビジネスプランの作成とは，さまざまなデータを収集・分析し，訴求力や説得力のある情報に変換するプロセスと言えるでしょう。

　ビジネスプランを作成するにはさまざまなデータが必要になります。最初のアイデアの創出段階で壁にぶつかってしまったとしましょう。こんなときは外部からの情報が発想の手助けとなります。新聞や雑誌で興味のある製品やサービスのトレンドをウォッチしてみるのもいいし，消費者を観察して彼らの不満や不便を探ってみるのもいいかもしれません。苦労して生み出されたいくつかのアイデアをスクリーニングするには，それらがすでに事業化されているかどうかを調べる必要があります。もし，事業化されているとしても，既存の事業を上回る強みがあるかどうかでアイデアを捨て去るかどうかが決まります。

　1つの事業アイデアに絞り込まれると，必要なデータや情報はより具体的になります。自分たちの考えている製品やサービスの市場はどれだけ魅力的なのでしょうか。将来的な市場規模や成長率はこれまでのデータから予測できます。自分たちの製品・サービスの競争相手はどんな製品・サービスでしょうか。これも現在の競争状況を調べることで類推できます。説得力ある採算計画を立て

るには，今すでにある類似の製品・サービスの費用を参考に，まだ市場に登場していない自分たちの製品・サービスの費用を計算することになります。

そこで，ここではビジネスプランを作成するにあたって，どのようなデータの種類と収集方法があるか，どのようなデータ・ソースがあるか，どのようなデータが必要になるかについて，マーケティング・リサーチの視点から述べていきます。

5-2 ●マーケティング・リサーチの活用

(1) ビジネスプランとマーケティング・リサーチ

前節でも述べたとおり，ビジネスプランを作成するにはさまざまなデータや情報が必要になります。アイデアを創出するには，さまざまなトレンド・データや顧客の不満・不便に関する情報が手助けになります。いくつかのアイデアをスクリーニングするには，それらが既存のアイデアかどうか，またそうであったとしても既存のアイデアを上回る強みがあるかといった情報が必要になります。

さらに，自分たちのプランの将来性を訴求するには，現在の市場動向や競争状況を把握しなければなりません。完成したプランを推敲するために潜在的な顧客の声を反映させることもできます。プランのプレゼンテーションの説得性を増すには適切なデータを資料に効果的に盛り込む必要があります。

これらのデータや情報を集めるためには，マーケティング・リサーチ[2]を活用することができます。マーケティング・リサーチとは一般的に，マーケティングの意思決定に役立てるために情報を収集，分析，解釈することです。ビジネスプランの作成という観点からは，プランを立案するために，潜在的な顧客や市場や競争に関するデータ・情報を収集，分析，解釈することだと言えます。

一般的なマーケティング・リサーチとビジネスプラン作成のためのマーケティング・リサーチには，リサーチの幅と深さに関する違いがあります。マーケティング・リサーチでは，たとえば「自社のプロモーションは顧客にどのよ

うに評価されているか」といった狭い問題を深く調査します。それに対して，ビジネスプラン作成のためのマーケティング・リサーチは，製品・事業コンセプトの開発，市場・競争状況，ターゲット顧客，採算計画など幅広い問題を浅く調査する必要があります。そこで，以下では，ビジネスプラン作成を念頭に置きながら，マーケティング・リサーチの活用法を述べていきます。

(2) 1次データと2次データ

データの種類は大きく2つに分かれます。1つは1次データと2次データ，もう1つは，質的データと量的データです。

1次データとは，組織ないし個人が自らの目的のために集めたデータです。たとえば，顧客の人口統計学的要因（性別，年齢，所得，人口，教育水準，職業），ライフスタイル，態度や意見，購買意図等に関する質問票（アンケート）調査やインタビュー調査，企業の戦略や事業内容に関するヒアリング調査などがこれに含まれます。1次データには，まさに自分たちの目的にあった情報を得ることができるという長所がある一方で，コスト（お金や時間や手間）がかかるという短所があります。

2次データは，第三者（官公庁や調査機関）によってすでに集められているデータです（本章第5-4節を参照）。2次データの収集コストは1次データよりもはるかに少ないものの，デメリットとして，必要なデータがない，データそのものの信頼性が低い，あるいは，すでにデータが古いといった問題があります。

そこで，通常ははじめに2次データを調べてみて，ビジネスプランの作成に有益なものを探し出し，その後に必要な1次データを収集するというステップを踏みます。

(3) 質的データと量的データ

もう1つのデータの種類，質的データと量的データです。質的データとは数値で表現されないデータで，主にインタビュー調査（本章第5-3節(3)参照）によって収集されます。

質的データには，深く詳しい回答を引き出すことができる，回答者が自由に質問に答えられる，先入観を排除できると言った長所と，回答者が少ないために一般化しにくい，調査者のスキルに影響を受ける，回答者が置かれた状況が結果に影響するという短所があります。

一方，量的データは文字通り，数値で表現されるデータを意味し，主に後述の質問票調査によって収集されます（本章第5－3節(3)参照）。量的データは，統計的にデータを処理することができる，サンプル数が大きくなれば一般化できる，さまざまな影響要因をコントロールできるといった長所と，データ収集により多くの時間とコストがかかる，分析のためには統計学的知識を要するといった短所があります。

いずれの種類のデータを収集するかは，次に述べるリサーチの目的に依存します。つまり，何が必要な情報かをはっきりさせた上で，どんな種類のデータを収集すべきかを決めていきましょう。

5－3●マーケティング・リサーチのプロセス

次に，マーケティング・リサーチのプロセスの中から，以下の3つのプロセスについて説明していきます。

(1) リサーチ目的の明確化
(2) リサーチ・デザイン
(3) リサーチ手法の選択

(1) リサーチ目的の明確化

第1段階は，リサーチ目的の明確化です。ここで最初に行わなければならないことは，リサーチ・クエスチョン，つまりプランの作成を支援するデータや情報が何かを明らかにすることです。たとえば，

・ある製品に対して顧客が抱いている不満は何か（アイデア創出）

・どのような事業コンセプトが受け入れられるのか（事業コンセプト）
・市場の現在および将来の規模はどの程度か（市場動向）
・事業がターゲットとする顧客は誰か（ターゲット顧客）
・競合する企業や製品は何か（競争状況）

といったリサーチ・クエスチョンを挙げることができます。

　もう1つ重要な点は仮説の構築です。マーケティング・リサーチの著名な研究者であるデイ教授とアーカー教授は「なにを探しているのかがわからないなら，それを発見することはない」と言っています[3]。この言葉には，リサーチ・クエスチョンへの解答を事前に予測しながらリサーチを進めることの重要性が示唆されています。

　たとえば「X市場では朝食のための新しいシリアル製品の需要はあるか」というリサーチ・クエスチョンが立てられたとします。これに対して，A社は「X市場では，もともとシリアルを食べる習慣がないので需要はないだろう」という仮説を立てました。一方，B社は「X市場では社会条件が変化しているので需要があるだろう」という仮説を立てました。

　結果はどうだったでしょうか。実は，A社がX市場への参入を選択肢から外しているうちに，B社はマーケティング・リサーチを行って女性の社会進出や健康志向の高まりを発見し，X市場への参入を果たしました。そして，X市場への参入が早かったために，いち早く顧客を確保することができ，先行者利益を獲得することができたのです。

　この事例は，仮説構築とその後のリサーチの結びつきが重要であることを示唆しています。また，この事例から，同じ現象を観察していても，仮説を構築する視点によって，その後のリサーチ行動や市場での成果が変わってくるということもわかります。

　これは言い換えれば，仮説を構築するセンスが重要だということです。仮説を構築する際には，1つの仮説だけでなく，対立仮説といわれる代替案を考えて，視点が偏らないように注意しながら検証していくようにしましょう。

(2) リサーチ・デザイン

リサーチ・デザインには3つのタイプがあります。それらは，探索的リサーチ，記述的リサーチ，因果関係のリサーチです。順番に説明していきましょう。

まず1つ目は探索的リサーチです。このタイプのリサーチを実施するのは基礎となる知識が存在しない場合です。そのため探索的リサーチは，主にアイデア創出や洞察の獲得や仮説の構築に利用されます。

たとえば「人々はどのような製品を求めているのか」といったリサーチ・クエスチョンが設定された場合，因果関係の仮説が明確ではありません。そこでこのような場合には，仮説を発見するために，探索的リサーチでデータが収集されることになります。

探索的リサーチでは，何が問題かがまだ十分にわかっていないため，さまざまな手法を組み合わせた複合的な調査が行われます。たとえば，2次データの調査情報や統計資料，業界に関する文献などを読み込んだり，類似した事業に関する記事を集めて事例分析を行ったりすることが考えられます。

また，2次データだけでは不十分だと判断した場合には，1次データを集めることも必要です。たとえば，専門家や企業や店舗の人などにヒアリング調査を行うことも有効です。あるいは，少数の人に長時間の面接を行って本音や動機を探っていくデプス・インタビュー（深層面接）や，少人数の消費者にグループで特定のテーマについて比較的短い時間で議論をしてもらうフォーカス・グループ・インタビュー（焦点集団面接）などを通じたデータ収集も参考になるでしょう。

2つ目は記述的リサーチで，ある時点の市場環境を把握することを目的にしています。これによって集められたデータは，主に消費者属性の理解や市場規模の推定などに用いられます。記述的リサーチには，ある一時点で横断的にデータを集めるクロスセクション調査と，パネルと呼ばれる同じ対象者に対して，時間を追ってデータを集めていく時系列調査の2種類があります。

たとえば，新製品を流通させる方法を明らかにするために「どのような人々がXという製品をどこで買っているか」というリサーチ・クエスチョンが設定された場合を考えましょう。この問いに対して，Xの購入者や購買場所を調べ，

その頻度や特徴や相互の関連性を明らかにしていくのが記述的リサーチです。こうした調査をある時点で1回行えばクロスセクション調査となり，同じ調査を一定期間（例：年1回を数年間），同じ対象者に実施すれば時系列調査となります。

　3つ目は因果関係のリサーチです。これは，ある現象の原因と結果を明らかにしようとするものです。ここで因果関係とは，広告費の増大（原因：A）が売上の増大（結果：B）に影響するといった関係を意味します。ここで，「AならばBである」という因果関係を記述することができます。このような因果関係の記述を仮説といいます。

　たとえば，「ある事業Xのマーケティング活動が消費者の利用頻度に影響しているか」というリサーチ・クエスチョンを設定した場合を考えましょう。売上に影響する要因としては，仮にマーケティングの4Pである製品，価格，プロモーション，流通に関わる活動を想定します。仮説に表せば，次のようになります。

・ある事業Xの製品，価格，プロモーション，流通に関わる活動が売上に影響する。

　この仮説を検証するために，事業の4Pに関する消費者の認識や態度（原因：A）を尋ねると同時に，同じ消費者に，その事業の利用頻度（もしくは未利用者であれば利用意向）を尋ねます（結果：B）。そして，両者の関係を統計分析などで検証することにより，原因Aと結果Bの関係が明らかになり，リサーチ・クエスチョンに対する答えを導くことができます。

(3)　リサーチ手法の選択

　次に，リサーチ手法について，具体的に説明しましょう。リサーチ手法は，そのリサーチ目的に応じて最適なものが選択される必要があります。言い換えれば，設定されたリサーチ・クエスチョンに最も適切に解答を与えられる手法を選ばなければなりません。ここでは，数ある手法の中からインタビュー調査，質問票調査，観察という3つの代表的な手法について簡単に説明します。

　第1のインタビュー調査は，少ない回答者により深く質問をする手法です。

特に先述の探索的リサーチでよく用いられる手法です。インタビュー調査には主に2つの種類があります。

1つはデプス・インタビュー（深層面接）です。たとえば，専門家に業界や市場の動向について詳しく話を聞いたり，作成したビジネスプランを見せて意見を聞いたりすることができます。あるいは，少数の潜在顧客にヒアリングすることで，消費行動の裏にある本音や動機を明らかにしたり，考えたビジネスプランに対する反応を知ることもできます。

もう1つは，フォーカス・グループ・インタビュー（焦点集団面接）です。これは，モデレータと呼ばれる司会者の下で，数名程度のグループで特定のテーマについて議論してもらうインタビュー調査です。デプス・インタビューと比べて，短時間でより多くの人からの意見が集められるだけでなく，グループ・ダイナミズムというグループならではのシナジー効果（相乗効果）が働いて，より効果的な意見が集められることがあります。

インタビュー調査の質問は，事前に用意してもしなくても構いません。事前に定型化した質問を用意しておく（構造化インタビュー），その場の流れで質問を変えていく（非構造化インタビュー），その中間（半構造化インタビュー）といった方法がありますので，目的に応じて使い分けていきましょう。

第2の手法は，質問票調査[4]です。質問票調査では，インタビュー調査と比べて，より多くの回答者に定型化した質問を回答してもらえるのが特徴です。収集された量的データは，Excel，SPSS，R，SASなどのソフトを用いて統計的に処理できます。記述的リサーチや因果関係リサーチでよく用いられます。

質問票調査では，質問項目ごとに測定尺度をつけます。測定尺度には，表5－1に示したように，名義尺度・順序尺度・間隔尺度・比尺度の4種類があります。名義尺度は回答者の属性を聞くために用いられることが多いです。順序尺度は製品やブランドの選好順位を聞くときなどに用いられます。

最もよく使われるのが間隔尺度で，その代表的なものがリッカート尺度です。リッカート尺度は，たとえば（1．まったくその通りだと思う，2．その通りだと思う，3．どちらでもない，4．そう思わない，5．まったくそう思わない）といった5つの選択肢を用意し，その該当箇所を選択してもらう形式を取

ります。比尺度は，購買頻度や希望価格などを直接数字で書いてもらう場合に用います。

質問票調査では，自由回答形式（フリーアンサー）の質問を用意して，質的データを集めることも可能です。

第3の手法である観察は，消費者の行動を観察して情報を集めるものです。たとえば，主婦の家事行動，ある店舗での消費者の購買行動，屋外でのファッション・トレンドの定点観測などが，その具体例です。第3章で紹介したIDEOという会社の子ども用歯ブラシのケースや，第10章のミニケースで紹介した日立製作所の「野菜中心蔵」の開発の中でも用いられています。

観察は，インタビュー調査や質問票調査とは異なり，完全な外部者として被験者に影響を与えることなく情報を引き出そうとする手法です。とりわけ市場が成熟して消費者自身がどういう製品が欲しいのかを明確に表現できないような場合に，その行動の背後に隠された暗黙知（言語や数値で表現できない知識のこと）を理解するために，観察という方法が用いられます。観察は近年特に注目されているリサーチ手法です。

表5－1　質問票調査の尺度

名称	定義	例	計算方法
名義尺度	カテゴリーに番号を割り当てたもの	性別，職業，居住地など	ダミー変数（0，1）を使用
順序尺度	数の大小，順番を表す	ブランドの選好順位	ノンパラメトリック
間隔尺度	順序だけでなく間隔にも意味がある尺度	気温 リッカート尺度（5件法など）	ノンパラメトリック（パラメトリック）
比尺度	絶対的なゼロを持つ尺度	身長，体重，購入者数など	パラメトリック

5－4 2次データ・ソース

　2次データを調べるには書籍，インターネット，オンライン・データベースがよく用いられます。ここでは，ビジネスプランの作成に役立ついくつかのソースを紹介します。また，最後に検索のコツを説明します。

書籍
★ 市場占有率や成長率など市場動向…『日経市場占有率』日本経済新聞出版社，『日経MJトレンド情報源』日本経済新聞出版社，『流通統計資料集』流通経済研究所

★ ある産業の競争状況…『日経業界地図』日本経済新聞出版社，『会社四季報業界地図』東洋経済新報社

★ ベンチャー企業動向…『日経ベンチャービジネス/大学発ベンチャーガイドブック』日本経済新聞社，『会社総鑑　未上場会社版』日本経済新聞出版社，『会社四季報　未上場会社版』東洋経済新報社

インターネット上のデータ・ソース（URLは2014年9月現在）
★ http://www.google.com/trends/…Googleトレンド。どんなトピックが検索されているかを，時系列で参照することができます。

★ http://www.stat.go.jp/…総務省統計局によるサイト。人口推計，家計調査，消費者物価指数など各種政府統計を閲覧およびダウンロードできます。

★ http://www.kantei.go.jp/jp/hakusyo/…首相官邸サイト内の政府発行の各種白書が一覧できるページ。ここから関心ある白書のリンクをクリック。白書は経済構造や人口動態を理解するのに役立ちます。

★ http://www.ipdl.inpit.go.jp/homepg.ipdl/…特許電子図書館。特許，実用新案，商標など各種知的財産の検索ができるページです。

★ http://srdq.hus.osaka-u.ac.jp/…SRDQ（大阪大学）のページ。質問票調査のための質問自体を調べることができます。

オンライン・データベース

★日経テレコン21…日経4紙（日本経済新聞，日経産業新聞，日経流通新聞，日経金融新聞）の記事が検索できます。記事の全文はPDFファイルで出力可能です。通常利用は有料ですが，導入している大学や公共図書館（大阪府立中央図書館，大阪府立中之島図書館，大阪市立図書館など）から接続すれば閲覧は無料です。

★MAGAZINEPLUS…ビジネス誌や業界紙の雑誌記事検索ができます。検索の結果，ヒットした雑誌を図書館などで入手できます。このデータベースも大学や公共図書館から接続できます。

検索のコツ

インターネット上のデータ・ソースやオンライン・データベースを使う時に欠かせないのはキーワードの選択です。さまざまなキーワードを試行することで検索精度は向上します。

また，Googleの検索技としては次のようなものがあります（AやBはキーワードを意味します）。①intitle：A…タイトルにAが含まれるページを検索。②A OR B…AないしBが含まれるページを検索。③A－B…Aを含む中でBを含まないページの検索。④"AB"…ABを1フレーズとして検索。あるキーワードを入力して，あまりに検索件数が多すぎる場合には①，③，④の技を利用して検索対象を絞り込むことができます。

◀注▶

1　The American Heritage Dictionary of the English Language: Fourth Edition. 2000。
2　マーケティング・リサーチの詳細についてはD. A.アーカー・G. S.デイ著（石井淳蔵・野中郁次郎訳）『マーケティング・リサーチ』白桃書房，1981年を参照。
3　D. A.アーカー・G. S.デイ著（石井淳蔵・野中郁次郎訳）『マーケティング・リサーチ』白桃書房，1981年。
4　質問票調査の基礎に関しては盛山和夫『社会調査法入門』有斐閣ブックス，2004年を参照。

第6章

会社と経営

　本章では，企業を立ち上げ事業を運営して行く，すなわち企業を経営するにあたって，最低限知っておいてほしいことについて説明します。

6－1 ● 株式会社とは

(1) 株式会社の特質

　株式会社は，会社法に定められた4種類の会社（他は「合名会社」「合資会社」「合同会社」）のうちの1つです（表6－1参照）。現在，日本にある約320万社の会社のうち，310万社が株式会社です。会社法の施行（2006年）以前には，「有限会社」が会社総数の60％弱，株式会社が40％ほどを占めていました。しかし，有限会社の新設は会社法により認められなくなり，既存の有限会社は，株式会社（「特例有限会社」と呼ばれる）となったため，株式会社の数が激増しました。

　株式会社は，大規模事業を行うために多数の人々の零細な資金を集めるのに最も適した企業形態として発展してきました。株式会社は，資本出資者の持分すべてを，均一で少額の株式に分割した企業形態であり，出資者は，出資を限度とする有限責任を会社債権者に対して負うのみです。

　そもそも，会社は個人企業と異なり，複数の出資者を前提とした集団企業です。つまり，事業拡大に適した企業形態なのです。ある事業主が事業を拡大しようとすれば，資金を調達するために他人からの出資を確保しなければなりません。その際，出資者が複数化することから生じる問題は，事業拡大に伴って

表6−1　会社法で定められた4種類の会社

種類	出資者	出資者の責任範囲	最低資本金	特徴
株式会社	株主（1人以上）	有限責任	1円以上	株式証券（株券）を発行し，資金調達する。倒産しても出資者は会社債務の弁済義務を負わない。
合名会社	社員（1人以上）	無限責任	規定なし	一般には複数の個人が出資するため，経営の意思統一が必要。親族経営による小規模会社が多い。
合資会社	社員（2人以上）	有限責任と無限責任	規定なし	無限責任社員が経営権と会社代表権を持ち，有限責任社員は経営に参加しない。
合同会社	社員（1人以上）	有限責任	1円以上	1人でも設立可能で，定款による内部自治を行い，出資比率に拘束されない利益配分が可能である。

注）無限責任とは，会社が倒産したとき，その債務を自己の全財産で履行する責任のこと。
出所）伊藤健市「企業経営とは」（『よくわかる現代経営』編集委員会『よくわかる現代経営　第2版』ミネルヴァ書房所収，2009年，pp.10-14）を参考に作成。

事業主の事業リスク負担が大きくなるということと，経営支配権の確保が難しくなるという問題です。

　無限責任の出資者（無限責任社員）だけからなる合名会社や，無限責任の出資者に有限責任の出資者（有限責任社員，経営への発言権を持たない出資者）が加わった合資会社であれば，事業主は，無限責任を負う（事業リスクの負担）ということにより経営支配権を正当化し得ました。しかし，事業拡大に伴うリスク負担の増加が，事業主のさらなる資金調達意欲，事業拡大意欲を制約するという問題がありました。

　この問題を解決するために登場したのが，出資者の有限責任制を保証した株式会社です。株式会社では，事業主の事業拡大（資金調達）意欲を制約する事業リスクの負担問題は解決しましたが，他方で，経営支配を正当化する方法については，合名会社や合資会社とは異なり，株式1単元株に1議決権の経営支配権が与えられているため，すべての株主は形式的には平等の経営に対する発言権を持っています。しかし，所有する株式数に支配権の大きさは比例するため，実質的大株主である事業主の経営支配権は，多数決原理によって正当化さ

れています。

　以上のように，株式会社は，事業拡大のための資金集中機構として最も発展した企業形態であるとともに，出資の分散（多数の株主）に対する経営支配権の集中を可能にした企業形態といえます。

(2) 株式会社の機関

　株式会社は法人企業です。しかし，法人は人間（自然人）のように意思を示し行動することができません。そこで，株式会社には，法人の意思を示し行動を行う自然人や会議体からなる「機関」が設けられています。株式会社の機関は多様ですが，役割から分類すると，意思決定，執行，監査機関から構成されています。

　株式会社の機関設計は複雑ですが，「公開会社」であるかどうか，「大会社」であるかどうかが機関設計の大きな基準となっています。公開会社とは，すべての株式に譲渡制限がある会社以外の株式会社のことです。大会社とは，資本金が5億円以上または負債総額が200億円以上の株式会社です。

　会社法が基本とする株式会社は，会社総数のほとんどを占めるごく小規模で単純な組織の会社です。公開会社については，株式会社本来の性質にふさわしいものとして整備されています。どのような株式会社にも設置しなければならない機関は，「株主総会」と1名以上の「取締役」です。本来，株式会社は多数の株主がいることを想定しているため，株主総会では基本的事項についての会社の意思を決定し，その他事項の決定と執行を行うために取締役が置かれています。典型的な株式会社である公開会社では，規模の大小を問わず3名以上の取締役で「取締役会」を構成し，取締役会は会社の業務執行の決定とその実行者である「代表取締役」を選任します。株主総会は取締役の選任権と解任権を持ちますが，最高万能の機関ではなく，その決議事項は会社法および定款で定めた事項に限定されます。

　また，わが国に伝統的な大会社は「監査役会設置会社」であり，近年設置が認められたアメリカ型の会社として，「委員会設置会社」（2015年より，「指名委員会等設置会社」に名称変更）などがあります。

6-2 ● 会社法

(1) 会社法の制定

　会社法は，株式会社を含む4種類の会社の組織や行動を規制する主なルールを定めたものです。ある会社法の研究者は，会社法の性質を次のように述べています。

　「会社法はダイナミックで面白い。…経済を動かしている会社が大も小もすべて，どんな業種であろうと従わなければならないルールを，行動だけでなく誕生から臨終にまでわたって決めている。経済の変化につれて遅ればせながら改正もされる。会社そのものは観念的な存在だが動かすのは生身の人間だから，会社をめぐる法律問題にも慾と人間臭さがつきまとう。[1]」

　会社は法人です。法人とは法手続きによって作られたヒトなのです。それゆえ，会社は固有の権利能力と義務を持つ，出資者から独立した人格であるとみなされています。自然人（人間）には当然に権利と義務が与えられていますが，これも社会のルールを守ることが前提です。身勝手な自由は許されません。ルールを犯せば処罰されます。これと同様に，会社も法人としてルールを守らねばなりません。このルールが会社法規です。

　従来，一般的な会社法規は，主に「商法第2編（会社）」「株式会社の監査等に関する商法の特例に関する法律（「商特法」と略称）」「有限会社法」でした。商法制定時（1890年）から「合名会社」「合資会社」「株式会社」は規定されていましたが，有限会社は株式会社をモデルに中小企業向けの会社形態として1938年に導入され，独立法として残されてきました。「商特法」は，大規模株式会社の監査に関して規定を行う目的で1974年に制定されたものです。

　これらの会社法規を統合・再編することを目的として，2005年に会社法が制定されました。有限会社を株式会社に統合し，会社の機関設計の選択肢を多様化することによって，大幅に規制が緩和され，自由化が図られたのです。とりわけ，株式会社の設立条件を大幅に緩和していることや「合同会社」の新設に示されているように，起業を促進する条件が整備されたのが特徴です。

(2) 会社法の目的

　会社法の目的は，さまざまな利害関係者の利害を公正に調整することによって，会社を適正に運営することです。

　この場合，利害関係者といっても会社法が想定する利害関係者とは，出資者（会社法上の「社員」)，会社債権者のことです。従業員，消費者，地域住民などのいわゆる利害関係者（ステークホルダー）は含みません。それゆえ，会社法による規制の目標は，会社債権者を保護しつつ，出資者の利益を増進させるように，会社運営の仕組みを作ることです。

　出資者の権利，たとえば株式会社であれば株主の権利はどのようなものか，経営者の権限と義務は何かなどについて，会社法は規定しており，この規定にに違反すれば処罰をうけます。この点において，会社法は基本的に「強行法規」なのです。

　このように，会社法の基本的性質が強行法規ではあることには変わりはありませんが，できる限り規制を緩和して，それぞれの会社が自由に多様な事項を決めることができるようにしています。これを「定款自治の拡大」といいます。それぞれの会社が定款で自由に定める事項を，会社法が増やしたのです。株式会社においてもそうですが，以下では，会社法のもとに新設された持分会社の内の合同会社を例に，会社法の規制緩和の傾向についてみていくことにしましょう。

　合同会社は，有限責任社員のみによる企業形態で，社員は1人以上で法人も可という点では株式会社と同じです。株式会社と大きく異なる点は，定款に規定しておけば，たとえば，各出資者は出資の比率にかかわらず利益の配分を受けることもできるという点にあります。それゆえ，希少な技術を持ちながら資金力に乏しい小企業が大企業と連携して，対等な経営参加や利益配分を実現することも可能となるのです。ベンチャー企業などにも対応できる企業形態として期待されています。

　このように，現在の会社法は会社の自由な活動を促進することによって，経済活動を活性化することを目的としています。

6−3 ●株式会社の設立

　パソコンのダイレクト・モデルで知られるデル社は，当時まだテキサス大学の大学生だった創業者のマイケル・デルが1,000ドルの資本金で起業しました。日本円にすれば約23万円（当時のレートで）です（第10章参照）。一方，日本では，会社を設立する際にいったいどのくらい費用がかかるのでしょうか。

　実は，2006年5月1日に会社法が施行されるまで，日本で株式会社を設立する際には1,000万円の資本金が必要でした。しかし現在では，資本金1円で株式会社を設立することができます。

　とはいえ，会社の設立には，定款や登記の手続きに必要な印鑑の作成費用や諸々の手数料など，資本金以外にもさまざまな費用がかかります。また，自己資金が少ない起業家は，その事業に対する志が低いのではないかと投資家から疑問視される可能性もあります。1円で起業できるというのは，あくまでも法律上のことであって，実際に起業する際には，適切な資金計画を立てることが必要です（第7章参照）。

　以下では，株式会社を設立する手順について説明します。ただし，会社形態には，株式会社以外に合名会社・合資会社・合同会社があります（表6−1参照）ので，会社設立時には，これらの中から適切な会社形態を選択してください。

　株式会社の設立は，表6−2のような10のステップで進められます。はじめに発起人を定めます（①）。発起人とは，会社設立までの手続きを進める中心的人物です。次に，会社の目的や社名等の基本的な事項を決定し（②），書類作成に必要な印鑑を作成します（③）。

　以上の準備が整ったら，次に定款を作成します（④）。定款とは，会社の憲法のようなもので，会社について定めた基本的事項を記載します。定款は，登記申請の際の必要書類となります。そして次に，定款の記載事項を公証人役場で確認してもらいます（⑤）。

　定款が認証されたら，株券の発行で得た出資金を金融機関に払い込みます

（⑥）。金融機関は入金状況を確認し，株式払込金保管証明書もしくは残高証明書を発行します。入金状況は，取締役・監査役も調査し，報告書を作成しなければなりません（⑦）。その後，取締役会を開催し（⑧），そこで選出された代表取締役が，本店所在地を管轄する登記所に設立登記を申請します（⑨）。

登記が完了した後は，法人住民税や地方税の支払いのため，本店所在地を管轄する税務署や自治体等への届け出も必要となります（⑩）。

表6－2　株式会社の設立手順

①	発起人の決定	会社設立までの手続きを行う中心的人物（1名以上）を定める。
②	基本事項の決定	会社の目的・社名・事業内容・本店所在地・資本金の額・役員構成・決算期などを定める。定款の土台となる。
③	印鑑の作成	実印，銀行印，角印など，会社設立時の登記申請や設立後に利用することになる印鑑を作成する。
④	定款の作成	絶対的記載事項である，会社の目的，商号，本店の所在地，設立に際して出資される財産の価額またはその最低額，発起人の氏名または名称および住所等を記載する。
⑤	定款の認証	定款の記載事項は間違いないか，法令や公序良俗等に違反しないか等を公証人に確認してもらう。全発起人の印鑑証明書，収入印紙代4万円，公証人手数料5万円が必要。
⑥	出資金の払い込み	発起人の株数に相当する金額を金融機関に払い込む。入金を確認した金融機関は株式払込金保管証明書を発行。募集設立の場合は登記申請の際にこの証明書が必要であるが，発起設立の場合は残高証明書のみでよい。
⑦	取締役・監査役の調査	出資金の払い込みが実際にあったかを取締役・監査役が調査する。この調査報告書は登記申請時に必要となる。
⑧	取締役会の開催	取締役会で代表取締役を選出し，本店所在地の町名・地番を決定。開催後，決定事項を記載した議事録を作成。
⑨	設立登記申請	取締役会で選出された代表取締役が本店所在地を管轄する登記所に設立登記を申請する。原則として取締役・監査役の調査から2週間以内に行う。
⑩	各官庁への届け出	本店所在地を管轄する税務署や自治体などに届け出る。

出所）独立行政法人中小企業基盤整備機構　中小企業ビジネス支援サイトJ-Net21
　　http://j-net21.smrj.go.jp/，久保憲二「会社設立と起業の実践」（金井一頼・角田隆太郎『ベンチャー起業経営論』有斐閣所収，2002年，pp.245-273），三上磨知「株式会社の仕組み」（加護野忠男・吉村典久『1からの経営学』碩学舎所収，2006年，pp.36-53）を参考に作成。

以上が株式会社設立の大まかな流れです。ただし，法律や手続きは時とともに変わる可能性があります。そのため，実際に起業する際には，中小企業庁のホームページや，独立行政法人中小企業基礎整備機構（以下，中小機構）の中小企業ビジネス支援サイトJ-Net21などを参照し，所轄の機関や専門家にも相談しながら進めていくようにしてください。

6－4 ● コンプライアンスとCSR

(1) コンプライアンスとは

　会社は法人です。法人は生身の人間である自然人とは違いますが，意思表示し行為することができます。株主総会や取締役会のような機関が，会社の意思や行為を代表します。自然人の器官である肺や心臓が人間生命の維持のために働くのと同じように，会社機関の役割も会社の維持にあり，自然人と同様に，会社は法律を遵守すべき社会的存在です。法律を遵守することを「コンプライアンス」（compliance）といいます。

　会社が法律を守らなければならないということは当たり前のことですが，法律に違反する会社が多いのも事実です。そこで，会社法は内部統制システムを設けることを奨励して，会社のコンプライアンスを進めていこうとしています。すなわち，取締役が2人以上あるいは取締役会が設置されている場合には，「取締役の職務の執行が法令及び定款に適合することを確保するための体制その他株式会社の業務の適正を確保するために必要なものとして法務省令で定める体制の整備」（会社法）を個人に委ねてはならず，さらに大会社などでは，以上の内部統制システムの整備が義務づけられています。

　業務の「適正を確保する」ということの意味は，法律を最低限度守って業務を行えばよいということではなく，「企業倫理」を踏まえた業務を行うべきだということです。本来はすべての会社の義務とすべきですが，社会的影響力の大きい大会社などに内部統制システムの整備が義務づけられたということは，コンプライアンス経営を促進するだけにとどまらず，会社経営者の経営姿勢の

評価が可能になるということです。内部統制システムの概要を事業報告に記載しなければならないので，優れた内部統制システムを整備している会社の評価は高く，そうでない会社の評価は低くなります。特に大会社には優れた管理体制を設ける義務がある，ということを会社法が明示していることが重要です。そして，大会社に限らず，あらゆる規模と種類の会社が本当の意味でのコンプライアンス経営を行う社会を作ることが大切なのです。

(2) CSRとは

　CSRとは，「企業の社会的責任」（Corporate Social Responsibility）のことです。会社が守るべきルールを定めた会社法規には，従来，「社会的責任」が法定されていませんでした。漠然とした規定では価値観の対立から混乱が生じるというのが，その理由でした。

　しかしすでに述べたように，会社法には，業務の適正を確保するための内部統制システムの整備という規定が盛り込まれました。「業務の適正」という言葉は漠然としており，人により解釈が分かれる余地が残されています。とはいえ，「適法」を超え，社会的責任を自覚した業務執行を行う必要性が示されたことは，大きな前進です。このような動きの背景には，1990年代以降，社会的責任意識の向上が企業経営にとって本質的な課題であるという認識が，経済界に広く浸透してきたという事実があります。

　日本経済団体連合会と並んで日本の経済界を代表する団体の1つである経済同友会は，2003年3月，企業評価の2つの基準を公表しました。2つの基準は，コーポレート・ガバナンスおよび企業の社会的責任からなり，社会的責任は4分野から構成されます。第1の分野は「市場：顧客，株主への価値提供，自由・公正・透明な取引・競争」，第2は「環境：環境経営推進体制，環境負荷軽減，保全への取り組み，情報公開」，第3は「人間：人材活用，能力開発，働きやすい職場環境」，第4は「社会：社会貢献活動，政治・行政との適切な関係，国際社会との協調」です。

　経済同友会の代表者は次のように述べています。

　「今日の企業経営において，企業倫理の確立は必要不可欠の条件になってい

る。そのために、経営トップ自らが率先垂範し、仕組みを構築し、繰り返し企業倫理確立の重要性と行動基準の精神を社員に訴え、社内への浸透と実務への適用を図らなければならない。そうしたことを日常的に繰り返すことにより、不正を是認しない企業文化がつくられ、企業の持続的な発展が可能となる」（北城恪太郎代表幹事：当時）。

2009年4月には、提言「今こそ企業家精神あふれる経営の実現を」において、「資本市場（株主）」、「従業員（雇用）」、「社会」という3つの価値に自らの行動を照らし、中長期の視点から社会的責任を実現することを提唱しました。そして2012年6月には、提言「社会益共創企業への進化〜持続可能な社会と企業の相乗発展を目指して〜」において、本業を通じてステークホルダー（利害関係者）との協働により価値を創造し、社会との持続可能な相乗発展が可能な企業の実現を提唱しています。日本経済団体連合会も「企業行動憲章—社会の信頼と共感を得るために—」を制定し（2002年10月）、その後も改定を続け（最新、2010年9月）、会員企業に対して社会的責任の自覚をうながしています。

近年の動向として、国際標準化機構（ISO）において社会的責任に関する世界初の国際規格であるISO26000が2010年11月に策定され、企業だけでなくあらゆる組織が、自らの社会的責任（Social Responsibility）を認識し、その責任を果たすことが強く求められるようになっています。社会的責任を自覚しない会社経営では市場経済で生き残れないという意識が、徐々にではありますが、企業経営者に浸透しつつあることがわかります。

◀注▶
1 龍田節『会社法〔第九版〕』有斐閣、2003年、初版はしがき、p.iii.

第7章

ベンチャー・ファイナンス

7－1 ●ベンチャー・ファイナンスについて考える前に

　ビジネスプラン完成後は，まず，事業運営の経済的な側面の予定を立ててみましょう。金額の目安は，インターネットの検索による調査で裏付けを取り当りを付けましょう。小売業，製造業，学習塾，開発業を例として，基本的な考え方の道筋を確認してみます。一読後，自らのビジネスプランに関して，想定できる数値を，図7－1「ビジネスプラン実行の予定＝月単位でみた利益の計算」に書き込みましょう。

(1)　利益計算＝比例的な売上高と売上原価と粗利益

　ビジネスプランで世に生み出した商品，製品，サービスは，1つまたは1件当たりいくらで，また，月単位合計でみていくらで，売り上げることになるでしょうか。また，その売上の為に直接的にかかった仕入原価また製造原価は，いくらで計算できるでしょうか。この2つの差，売上高とその売上原価との差額がまず最初の段階の粗利益（あらりえき）となります。図7－1の［(1)利益計算］の事業の中心部分の，1．売上高と2．売上原価と3．粗利益に数字の金額を入れてみましょう。

　例a：小売業　いわゆるセレクトショップのような，特別に見出せた衣服または雑貨の小売業で考えると，平均単価5,000円で1日5人の客で1日の売上が25,000円で，月26日営業で月売上65万円です。もともとの仕入原価率を60％として，600円で仕入れて1,000円で売っているとすると，39万円の売上原価で，

図7－1　ビジネスプラン実行の予定=月単位でみた利益の計算

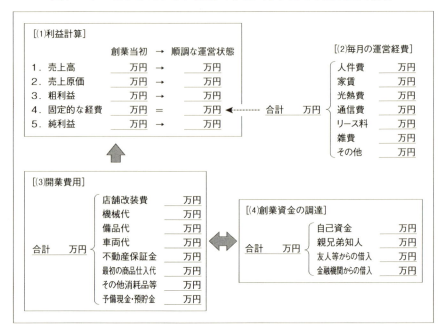

粗利益は26万円です。もし商売が順調に拡大し，1日の購入客数が10人となり，平均単価と原価率と月の営業日数が変わらないとすると，月売上が130万円に，売上原価は78万円に，粗利益は52万円にとそれぞれ2倍になります。

例b：製造業 特別に思いついた工夫趣向を凝らした菓子食品または飲料を製造販売すると考えると，1箱1,000円で1日の売上が20箱で1日の売上は20,000円で，月24日営業で月売上高は48万円です。1箱1,000円の製品を作るために卵や果実等の原材料費が売価の50%の500円かかるとすると，1日20箱の売上高48万円に対する売上原価=製造原価は24万円で，粗利益も24万円となります。もし商品が消費者のリピーターと新規客を取り込んで1日の売上が20箱から50箱になったとすると，1日の売上は50,000円となり，月売上が120万円に，売上原価は60万円に，粗利益は60万円にとそれぞれ2.5倍になります。

例c：学習塾 学習塾のようなサービス業で考えると，1人1コマ2,000円で週1日通塾で，月4回で生徒1人当たり月8,000円で，1日の授業数を2回にし

て1日合計で20人の生徒を集めることができれば週の1日で160,000円の売上で，週3日開業できれば，月謝収入合計48万円が月の売上高となります。売上のための仕入高や製品製造のための製造原価は0ですから，売上高48万円がそのまま粗利益48万円となります。もう1つ同様に教室を作れれば，粗利益も倍の96万円です。

例d：開発業 パソコンのソフトウェアまたはスマートフォンのアプリの開発業では，月に1件を受注し開発するとしてその売上200万円がそのまま月の売上高になり，売上原価＝製造原価は，もし特別なコンピューター処理の開発を外部業者に依頼した外注費30万円が存在すれば，それだけが売上原価30万円となり，残り170万円は粗利益です。

(2) 毎月の運営経費＝固定的な経費と純利益の算定

次に，事業の根幹の売上を支えて維持していく上では，毎月ほぼ一定額で，さまざまな経費がかかります。粗利益から，これらの経費の合計を差し引いた残りが，純粋な事業主の純利益・儲けです。

例a：小売業 衣服または雑貨の小売業では，人件費，家賃，リース，光熱費，通信費が見込まれます。アルバイトを1人時給800円で1日5時間頼むと，1日に付き4,000円であり月20日だけ依頼して80,000円です。家賃は商業地域の1階で月に10万円です。什器等のリース料と光熱費と通信費と雑費等は毎月5万円はかかるとします。毎月かかる経費の合計は，以上で，23万円です。先程の，粗利益の計算に照らして考えますと，創業当初の純利益額は3万円（＝26万円－23万円）となり，順調に売上高が拡大し2倍になった場合の純利益額は29万円（＝52万円－23万円）となります。

例b：製造業 菓子食品製造業で考えると，製造業務のためにアルバイトでなく社員契約で月の給与は15万円かかるとします。家賃は製造のためのバックヤードもかかるため12万円とします。什器等のリース料と光熱費と通信費と雑費に加えて製造のための機械もリースで調達するとして毎月9万円かかるとします。毎月かかる経費の合計は，以上で，36万円です。先程の，粗利益の計算に照らして考えますと，創業当初は純利益でなく純損失額が12万円（＝24万円

−36万円）となり，順調に売上高が拡大して2.5倍になった場合の純利益額は24万円（＝60万円−36万円）となります。

例c：学習塾 学習塾では，粗利益48万円に対して，自分以外の塾講師の人件費（5万円），ある程度広さをもった空間の家賃（20万円），リース料（3万円），光熱費（5万円），通信費（3万円）等の経費支払を計算に入れると，純利益額は12万円（＝48万円−36万円）となります。

例d：開発業 スマートフォンのアプリの開発業では，粗利益170万円に対して，SEと言われる専従の従業員を複数契約する等人件費（100万円）が嵩み，作業スペースとしての家賃（20万円），それに伴うリース料（20万円），光熱費（10万円），通信費（5万円）等の経費がかなりの額となることが予想でき，純利益額は，15万円（＝170万円−155万円）となります。

各業種において，売上高から，売上原価を差し引き，さらにその粗利益から毎月の経費を差し引いたものが，月単位で見た，純粋な純利益額・儲けです。事業主は，純利益または儲けから，税金を支払い，自分の食費家賃等の生活費を賄うことになります。12ヶ月で考えますと，1年単位で見た，ビジネスプランの現実的な姿が明確になります。

(3) 開業費用＝事業を開始するまでの投資額

事業を開始し，一定の売上高と利益額を毎月計上できるようになるために，まず設備等への投資が必要です。この投資額は，事業を開始して売上が上がるようになる前に必要な，事前の資金の投入です。

例a：小売業 衣服または雑貨の小売業では，内装工事費200万円，備品類20万円，商品類40万円，保証金50万円，商品の仕入代100万円，広告費20万円で，430万円の投資が最初に必要となるでしょう。

例b：製造業 菓子食品製造業では，上の小売業開始に伴う費用430万円に加え，オーブン・ミキサー・冷蔵庫・冷凍庫代として，余計に150万円の投資が必要となるでしょう。合計で580万円となります。

例c：学習塾 学習塾では，上の小売業開始に伴う費用430万円のうち，商品の仕入代100万円が0になる代わりに，看板電飾代50万円と教材購入資金10万

円がかかり，宣伝費も20万円と倍はかかるでしょう．合計で410万円となります．

例d：開発業 スマートフォンのアプリの開発業では，上の小売業開始に伴う費用430万円のうち，商品の仕入代100万円が0となる代わりに，パソコン・サーバー等の購入費が200万円かかるでしょう．合計で530万円となります．

これらの事業開始の為の支出額は，事業の利益を計上できるようになる前に，まず必要となる投資額です．これらの支出額は，長期的に，事業の利益・儲けから回収していくことになります．

(4) 創業資金＝事業開始のための資金の調達・用意

自ら考案したビジネスをプランに終わらせずに世の中に出すためには，創業資金・事業開始のための資金を，用意しなければいけません．自分の貯金またはアルバイト代といった自己資金で賄えれば理想的です．しかし自己資金で創業資金すべてを賄えない場合，他人に熱く自らのビジネスプランを語り，賛同を得て，資金を出してもらわなければいけません．一番手近な相手は，親兄弟，親類，知人，友人です．自己資金に加え，彼らから一時的にお金を借り，事業を開始することとなります．借りたお金は，死ぬまでに利子をつけて絶対に返済しなければなりません．自己破産による借金踏み倒しが法的に認められているとしても，それは無責任な倫理なき非人間的選択です．さらに各種金融機関も別の資金調達先としてあります．国家的方針として事業開始を応援してくれている日本政策金融公庫から，そのビジネスプランが国民生活事業として認定されれば，公庫から借入れが可能となります．民間の銀行または信用金庫も貸出業務を行っており，可能ならば借入れを行ってもいいでしょう．しかし，事業からの収益の実績がなく，担保となる土地等を持たない場合，借入れは困難を極めるでしょう．

なお，結果的に，皆さんのビジネスプランを実行するためには，図7－1において，(3)の想定した開業費用の合計額と(4)の調達予定の創業資金の合計額とが，一致することになります．また，事業を行って利益が出たさいは，税金の

計算が重要となりますが，必要な時に勉強しましょう。

ビジネスプランは，利益計画，利益を生み出すための投資計画，投資の原資を調達するための資金計画という3つの計画が揃って初めて，ビジネスが現実化し，利益を獲得し，社会貢献の道を開くことができるようになります。自らのビジネスプランを対象として，事業成立のためのさまざまな条件を変化させて，ビジネスプラン実現の最大の可能性を，数値面から，追求検討してみて下さい。

7-2 ● 資金調達

(1) 資金調達の意義

「ビジネスを始めるのは，人生を地獄に変えるためではない。そして，地獄への最短距離は，多額の借金をすることだ。[1]」

大企業ではなく起業家が新たに事業を立ち上げるにあたって，開業資金の調達については「自前主義」すなわち自分で蓄えた資金だけで，またできるだけ少ない資金で開始できれば理想的です。自分にしか見えていない市場の核に最短距離で到達することを最優先すべきです。

この考え方の利点は，なんら怖れなく事業に全力で取り組むことができる点にあります。万一その事業の調子が悪くなっても誰にも迷惑をかけることはなく，懐事情の許す限り何度でも再挑戦が可能です。こうした姿勢であればフランチャイズ詐欺・開業詐欺にあうこともありません。親兄弟からでも借金をした状態で事業を開始した場合には，大変な責任を背負うことになります。また資金が少なく足りない分は知恵で補っていくこととなりますが，その創意工夫の過程こそが起業の醍醐味であり将来への武器です。

最初から登録免許税のかかる会社組織にする必要もありません。今から顧客を作っていかなければならないにもかかわらず，なまじお金があって冗漫に制作や広告，設備費や税金やらで浪費して自分が顧客になってしまっては本末転倒です。運転資金や設備投資資金などの規模が大きくなるにつれ，ますます必

要となる資金も，事業によって実現獲得した売上金額・利潤金額によって賄っていく（自己金融）ことができれば，すなわちいっさい他人をあてにしたファイナンス＝資金調達＝借金なしで済ませることができれば理想的です。

　しかし，事業の開始および運営に際して自己資金および自己金融だけで賄いきれない場合も存在します。すでに顧客がいて注文・需要が存在してそれを満たすべく事業を開始するには，どうしても自己資金だけでは賄いきれないといった場合です。また，事業の順調な拡大を見通すことができていて，その拡大の速度を上げるための製造・販売活動の充実・拡張に，どうしても手元資金以上の資金を必要とするといった場合もあります。

　資本主義（株式会社）の原型はお金を出し合ってリスクを分散して事業を行うことにあり，多少のリスクは甘受した上で他人の資金を梃子（レバレッジ）のように利用して事業を拡大すべきであると判断できる状況も存在します。そうした場合は，潔くまた慎重に資金調達活動に取り組むこととなります。

(2) 資金調達のライフサイクル

　事業の中途停止の場合を除き，ほとんどの企業は個人事業・零細企業から始まります。その中で少数の幸運な企業は中小企業へ規模を大きくし，さらにその中で特に時代の風を追い風にして発展する企業はベンチャー企業または公開会社となります。

　このような企業の発展段階に応じて，その時々に適切で可能な資金調達のさまざまな方法があり，出資者，出資金額および出資者の予測するリスクとリターンに対応した資金調達の形態があります。銀行などの一般金融機関からの借入れは，起業して間もない企業という性格から担保の提供が困難なために不可能なので省略した上で，ベンチャー企業のファイナンスを時系列的に整理した一例が次の図7-2です。

　大企業などからの共同事業の申し出と資金提供としての戦略的事業提携を除き，ベンチャー企業は，一般に製品・サービスの提供・売上が軌道に乗って成長を開始して初めて，リスク・キャピタルやベンチャー・ファイナンスからの株主資本としての本格的な資金調達が可能となります。この時点で投資家は，

図7-2　ベンチャー・ファイナンスのライフサイクル・モデル

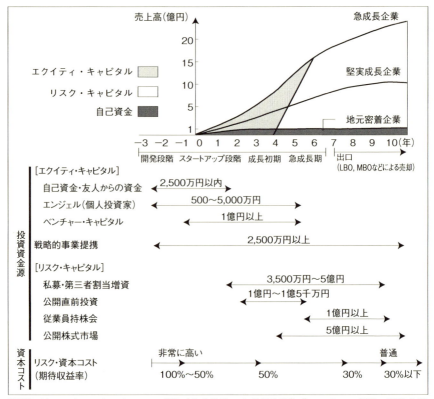

出所）ジェフリー・A・ティモンズ著（千本倖生・金井信次訳）『ベンチャー創造の理論と戦略——起業機会探索から資金調達までの実践的方法論』ダイヤモンド社，1997年，p.443。

ようやくリターンの計算が可能となるほどリスクが低下したと判断します。

　それまでの資金調達では，よほど奇特な友人やエンジェルと呼ばれるお金持ちの個人投資家，または公的資金に依存せざるを得ません。また開業時に限らず，消費者金融などの高利の金融業者に依存して事業を開始・継続できる可能性は限りなくゼロに近いといえます。

7-3 ●創業期のファイナンス

(1) 創業資金の把握

　起業に本格的に踏み込む前の段階で行うべきことは，創業に際してどのくらいの費用が発生するのかを網羅計算し，同時にその金額を自己資金で用意できるか，親族や知人友人から借り出せるかといった算段を行うことです。

　創業資金は，最近の調査で平均1,000万円，不動産の購入が伴うと約4,000万円とされています。米語圏では，開業資金のことを3F資金（Founder, Family, Friend)[2]，とも言います。

　周りからの応援で資金を集めるためには，周到な準備研究と経験によって独自の製品・サービスの青写真を完成しており，また創業前の日頃から周りに貸しを作り「いいこと貯金」[3]をしておくことが必要です。会社員をしていて独立開業を計画し将来住宅ローンの設定による住宅取得を考えている場合には，起業後は当面潤沢な経済状況に恵まれることは稀なため，起業前にローン手続きを遂行しておく必要があります。

　創業資金の実際例を挙げてみると，2004年に東京多摩川近くで「行列のできる学習塾」を開業した秀進アカデミーの計画では，開業2ヶ月で必要となった資金は，徹底的に知恵を絞って節約しても504万円であり，その内容は次の通りでした。

　まず，独立前準備資金の合計が321万円で，内訳は，店舗金100万円，改装設備108万円，備品82万円，広告宣伝31万円です。独立後2ヶ月の必要資金の合計は183万円で，内訳は人件費62万円，家賃等43万円，教務費22万円，用品費3万円，運営諸経費48万円，納税準備金5万円でした。創業者は，自己資金として銀行預金に500万円を用意し，さらに国民金融公庫（現在の日本政策金融公庫）からの300万円の借入れ申請をして，結局成功したそうです[4]。

　京都で廃業した映画館を引き継いでソフト面・ハード面ともに個性的な映画館を2004年に開設したアートシアター京都シネマの神谷雅子氏は，自己資金と友人や配給会社などの映画関係者，勤務先の大学関連企業など，総勢20人/社からの出資で5,100万円を工面して株式会社化し，それを元手に地方銀行と商

工中金，信用金庫から合わせて1億5,000万円を借り入れて，合計2億100万円で開業しています[5]。

(2) 現金燃焼時点の算定

なんとか開業にこぎ着けそうになった段階で，当面の2年から3年先までの損益計画と収支計画を立てることになります。その際重要なこととして，現実主義者・悲観主義者に徹して，手許現金が最も少なくなってしまう時点がいつかを把握する必要があります。

米語圏の発想では，たき火を事業に現金を薪にたとえて手許現金がなくなってしまうことを，燃え尽き（Burn out），現金燃焼といいます。薪がなくなった時点でたき火すなわち事業は停止状態になります。こうした事態を開業前に把握できれば，起業全体の再検討および事前の手当てが可能となります。事業存続に差し迫った事態を前にしたファイナンスほど厳しい状況はありません。とりわけ資金調達面に関してはできる限りの余裕ある準備が事業成功の必要条件の1つです。

開業資金がゼロで，電話と机があれば開業できるとも言われたりする出版業を例として簡素な計算例によって考えてみます[6]。斬新な発想の書き手をブログから見出し，それをまとめた書籍の出版を請け負い，知人から出版バーコードの権利を借り，第1回の出版に乗り出したところ，幸運にも毎月1万部の売上を2年間にわたって達成できたとします。定価を1,000円とすると，毎月の書店での売上金額は1,000万円です。

ただし，出版社に入ってくる金額は1冊当たりで，書店手数料22%220円，取次手数料8%80円を引いた700円であり，そこから10%100円の印税を支払い，紙代・印刷代などの書籍製作費28%280円を支払い，残りの32%320円が出版社の粗利益であり，それで人件費・販売宣伝費・管理維持費を賄っていくこととなります。毎月の損益計算と収支計算が一致していると仮定すると，毎月の売上金額は700万円で，そこから著者・業者などに380万円支払い，利益額320万円が手許現金として毎月積み上がっていくこととなります。

ところが，上記の条件では，出版業界の商慣習が織り込まれていません。な

ぜなら出版取次からの実際の入金額，700円は，通常半年先にようやく支払われるからです。しかしその一方で，製作費など380万円の支払いは，毎月少なくとも翌月には支払う必要があります。

したがって，損益計算では毎月320万円の利益が計上されますが，現金収支のキャッシュフロー計算では，最初の6ヶ月は毎月丸々380万円の持ち出しであり，最大で6ヶ月間で累計2,280万円の費用負担が一方的に生じることとなります。

7ヶ月目からは単月水準で収入が700万円あるため，その月の製作費380万円を支払った残り320万円が剰余金（利益額）として計算できます。それを累積損失額2,280万円の取り戻しに毎月あてていき，そこから8ヶ月目，開業時点から数えて14ヶ月目で現金収支の累積水準でプラス280万円にようやく浮上する計算となるのです。

図7－3　ベンチャー企業の初期損失

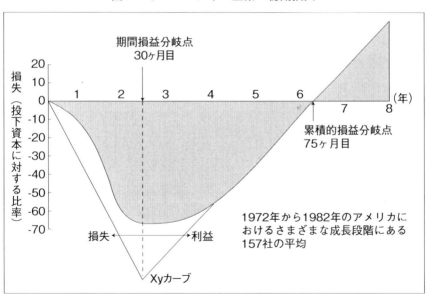

出所）ジェフリー・A・ティモンズ著（千本倖生・金井信次訳）『ベンチャー創造の理論と戦略――起業機会探索から資金調達までの実践的方法論』ダイヤモンド社，1997年，p.443。

この事業計画から推定できることとして，開業時点で運転資金として手許現金2,280万円を用意しておく必要があること，また用意できたとしてそれがゼロになる現金燃焼時点が6ヶ月目に訪れることがあるということです。はじめにそれだけの現金が用意できない場合に，取引条件に関して資金繰りを改善する方法は，入金を早め支払いを遅くすることです。

たとえば，手形を発行すれば支払いを何ヶ月か先延ばしできますが，手形の発行は法律的に決定的な期限を設定することを意味してしまします。

また，突然仕入先に支払延期を申し込んだ場合には，足元を見られて翌月からの取引に応じてもらえるかどうか自体が危うくなることもあります。したがって，支払いを遅らせる際には注意が必要です。

図7－3は，技術開発型のベンチャー企業を対象とした調査に基づき，ベンチャー企業の初期損失についてまとめたものです。概して，営業利益の毎月での期間損益分岐点到着まで30ヶ月，3年弱かかり，当初の株主資本回復の累積的損益分岐点到着まで75ヶ月，6年強かかっていることがわかります。

7－4 ● 成長期と新規株式公開（IPO：Initial Public Offering）

(1) ベンチャーキャピタル

アップル社のスティーブ・ジョブズ氏の"Real venture ships."（船出すなわち製品出荷できてはじめて真のベンチャー企業である）という言葉があります。これは，技術開発型の新興企業が最終製品を実際に市場に問うことの重要性を指摘したものです。船出とは，創業期を脱して成長期の入口に立ったことを意味します。

創業期には，資金調達が可能な相手としては，資金を進呈するつもりで貸してくれるような人，また担保・連帯保証人なしで借入れが可能な金融機関としては，日本政策金融公庫の新創業融資制度や大阪府中小企業信用保証協会の開業資金保証などの公的な支援体制しか存在していません。

しかし，一般に企業の売上高が成長していくようになると，企業価値が，清

算価値ではなく将来の収益・利益から逆算できるようになるため増加します。一般の金融機関は，そうした企業に対して，貸付けにより資金を投資しても元本に利息を付けて返済できそうだと判断できるようになります。未公開株式への投資を専門とするベンチャーキャピタルも，会社の資本金として出資しても，利潤から配当を受け取ったり上場後に売却して投資分の何倍ものキャピタルゲインを得られそうだという判断が成立する余地が出てきます。安易な資金調達は厳に慎むべきですが，企業が成長していく際の運転資金，設備投資資金などの旺盛な資金需要への有力な対処方法の1つとして，ベンチャーキャピタルからの出資が検討対象に挙がります。

　ベンチャーキャピタルに，つてを頼って接触しても投資に応じるのは100件のうち1～3件と言われています。ベンチャーキャピタルは他人から集めた資金をファンドにして未上場会社に投資して収益を上げる事業団体です。そのため，いったん企業に投資すると，できるだけ早く企業に公開上場してもらい投資分の何倍もの回収・リターンを獲得することが至上命題です。

　銀行からの借入れの場合には，最低利子を支払っていれば，貸し剥がしの時以外は企業はとやかく言われません。しかしベンチャーキャピタルは，株式市場への上場・公開の道が滞りがちになって赤字になったりすると，投資企業に対して，経営陣の年俸引き下げ，次いで社長を除く経営陣の入れ替え，さらには株式所有割合によっては創業者である社長の更迭も実行します[7]。これは当面売却のあてのない株式を購入し，それが半永久的に塩漬けになる可能性が高いリスクを取った者の当然のリターンの追求です。したがってベンチャーキャピタルからの出資を受け入れた時点で，企業の将来の方向は，株式市場への上場・公開への道となります。その際，上場後に創業者が手塩にかけた企業の経営支配力を失わないようにする対策方法が資本政策です。

(2) 資本政策

　株式公開は資金調達面その他の側面で大きな利点を持ちます。ベンチャー企業は，株式公開の際の売り出しによって桁違いの資金を入手でき，以降は直接証券市場から資金調達できるようになります。

2004年の新規上場企業54社は1社平均10億円弱，2014年の新規上場企業（東証マザーズ）44社は1社平均13億6,000万円強の資金調達に成功しました。起業者も創業以来投資してきた株式をはじめて一般に売って現金化できる仕組みが整い，計算上は何千万円かが何十億円になるという創業者利得が実現します。公開までに第三者割当増資や新株予約権によって流通性のない株式に対して出資の形で資金を出してくれたベンチャーキャピタル，事業提携の事業会社，外部支援者，役員，社員，親戚友人に通常かなり利益の乗った価格での売却手段を提示できます。知名度・信用度の上昇により人材採用面および銀行などからの間接金融面も目立って改善していきます。

　製品・サービスを提供すること以外に起業の目的はなく，YKK，JTBや竹中工務店のように未公開会社で何の不足もありません。しかし，公開会社にまでなることの僥倖（ぎょうこう）は，年平均10万社設立される中，毎年の新規上場会社数は100社前後以下であり，日本の法人数255万社中0.15%の約3,800社のみが上場企業であることからもうかがい知れます。上場する際の企業としては，毎年利益を1億円計上でき，時価発行総額が20億円の株価収益率PER20倍が大体の目安です[8]。

　一方で，株式公開に伴うコストは一時的にまた継続的に大きいです。公開時に世話になった証券会社に対しては多額の費用を支払う必要があり，公認会計士の監査費用（年平均約1,500万円）が以降毎年かかります。適時情報開示・内部統制・労務制度のための社内体制も，無理が通ったベンチャー時代から全面的に改めて文書規定化する必要があります。また創業者である経営者にとって，外部株主がはじめて登場します。外部株主の保有株がたとえ1株であっても，経営者は預かっている資金を疎かに使用することは許されないということになります。

　なかでも経営者にとっての最大の懸念は，持株比率の低下であり，経営支配力の低下です。株式市場での一般流通量を確保しつつ上場した時点で株式の3分の2，少なくとも過半数を起業者が確保できていないと，経営権から排除される可能性におびえることとなります。株式公開までの成長段階での資金需要を満たす有力な手段として増資がありますが，安易な増資は，起業者の持ち分

の希薄化をもたらし，最悪社長退任にも結び付きかねない事態となってしまいます。

　この折り合いを最適に導くのが資本政策です。公開まで猶予のある時期の株価の算定が高くないうちに株式分割や新株予約権を使って，創業者の持ち株を増やして持ち株比率を確保しておきます。そして，株価が上がってから安定株主になってくれそうな事業提携先，事業会社や取引相手に出資してもらい，その後，公開間近のかなり株価が高く算定できるようになってからベンチャー・ファイナンスに出資してもらうのです。この順序が，持ち株比率の希薄化を最小にしつつ資金調達を実行していく望ましい資本政策です[9]。

　たとえば，インターネットでの高級ホテル高級旅館専門予約サイトを運営する株式会社一休は，1998年設立され，2005年に上場しました。2008年末で時価総額が98.8億円で，そのうち創業者の森正文氏がトラストを含めて株式の過半数51.5%を支配しています。これは資本政策が成功した例です。

表7－1　株式分割を利用した資本政策適用例

取締役会設置の株式会社は取締役会の決議により，株式の分割をすることができる（会社法第183条）

〈適用例〉

	設立	株式分割	第三者割当増資	株式分割	第三者割当増資		
（株価）	50,000円	1:3	100,000円	1:4	500,000円		
平山社長	180株	540株	540株	2,160株	2,160株	63.5%	経営権の維持
役員（3名）	20株	60株	60株	240株	240株	7.1%	
協力事業会社			200株	800株	800株	23.5%	
VC					200株	5.9%	
合計株数	200株	600株	800株	3,200株	3,400株		
合計資金調達額	10,000千円		30,000千円		130,000千円		

注）株式を自由に分割することにより，株数を増加させ資金調達をしながら，経営権の維持を行うことができます。

出所）平山達大「失敗しないための資本政策・資金調達の基礎知識」大前研一他編著『ベンチャー起業実戦教本』プレジデント社，2006年，p.349。

表7－2　新株予約権を使った資本政策事例

	現　在	新株予約権付与	第三者割当増資	第三者割当増資	新株予約権行使		
（株価）	50,000円	50,000円	100,000円	300,000円	50,000円		
平山社長	300株	(2,000株)	300株	300株	2,300株	68.8%	経営権の維持
役員（3名）	60株	(240株)	60株	60株	300株	9.0%	
協力事業会社個人株主等	240株		440株	440株	440株	13.2%	
VC				300株	300株	9.0%	
合計株数	600株	(2,240株)	800株	1,100株	3,340株		
合計資金調達額	30,000千円		50,000千円	140,000千円			

注）1．同社の現状では平山社長の持ち株比率はすでに50％となっており，株式の分散が進んでいる。したがって，平山社長だけの株数を増加させたい（株式分割でなく，新株予約権の付与・会社法第238条以下）。
2．まだ株価が上がっておらず50,000円の段階で新株予約権を付与しておけば，その後増資により株価が上昇しても（適用例では100,000円→300,000円と段階的に上昇），その後も50,000円で権利を行使できる。
3．行使しなければ株式ではないので，議決権にならないが，「潜在的に」権利を有していることにより，行使はしていなくても，ある程度会社に実質的支配力（経営権）を行使できる。

出所）平山達大「失敗しないための資本政策・資金調達の基礎知識」大前研一他編著『ベンチャー起業実戦教本』プレジデント社，2006年，p.353。

◀注▶
1　ポール・ホーケン著（阪本啓一訳）『ビジネスを育てる』バジリコ株式会社，2005年，p.146．
2　八幡惠介『日本初のエンジェルが教える投資できる起業できない起業』光文社，2008年，p.78。
3　一橋総合研究所『身の丈起業のすすめ』講談社，2005年，p.66。
4　北山秀人『25歳の起業─じっくり成長するビジネスの育て方』ぱる出版，2006年，p.186。
5　わたしと起業.comホームページ，available from ＜http.//www.watashi-kigyou.com/000559.htm＞ at February 4th, 2015．
6　松尾里央『あの映画は何人みれば儲かるのか』TAC出版，2008年，p.163。
7　一橋総合研究所，前掲（注3），p.166。
8　同上，p.188。
9　平山達大「失敗しないための資本政策・資金調達の基礎知識」大前研一他編著『ベンチャー起業実戦教本』プレジデント社，2006年，p.371。また，ベンチャー・ファイナンス全般に関しては次に詳しい。磯崎哲也『起業のファイナンス─ベンチャーにとって一番大切なこと』日本実業出版社，2010年。磯崎哲也『起業のエクイティ・ファイナンス─経済革命のための株式と契約』ダイヤモンド社，2014年。

◀参考文献▶
日本政策金融公庫・国民生活事業「創業計画書─記入例（婦人服子供服の小売業・学習塾・ソフトウェア開発業・美容業・中古自動車販売業・洋風居酒屋・内装工事業）」2014年。
石井真人『自分でパパッとできる事業計画案』翔泳社，2014年。
井口嘉則・飛鳥翔『マンガでやさしくわかる事業計画案』日本能率協会，2013年。
「図7-1」と「7-1　ベンチャー・ファイナンスについて考える前に」における，各業種の数値説明は，上掲の日本政策金融公庫の設例を，全面的に参照したものである。

第8章

事業採算計画

8−1 ●事業採算計画の必要性

　どんなに良いアイデアであったとしても，採算計画がなければ実現可能性の乏しいものになってしまいます。どれくらいの値段で，どれくらいの販売量を想定しているのかを説明することができなければ，資金調達もままならないでしょう。なぜなら数字の裏づけのないところに，資金を提供しようという人（機関）はいないからです。したがって事業採算計画は，ビジネスプランに説得性をもたせ，実現可能性を高めるために不可欠なものです。

　事業採算計画はまた，業務遂行の際の目標ともなります。不確実性に満ちた経営環境の中で，企業はできる限り事業採算計画通りに業務を遂行しようとします。もし業務遂行結果としての実績と目標（事業採算計画）との間に差異が生じれば，その差異の原因を明らかにし，次期の計画設定に役立てます。その意味で，事業採算計画は計画として重要であるだけでなく，その後の統制にも有用といえるのです。

　事業採算計画の策定では，①当該事業から採算の取れるように計画として十分に練ることに加え，②工場設備への投資などの長期の意思決定のために時間価値の概念を利用することが求められます。ここでは，特に①に着目し，損益分岐点分析を紹介します。順序として，まず原価について概説し，次いで所要利益の設定を考察し，最後に損益分岐点分析を例とともに検討します。

　なお，本章の最後に，参考文献を挙げています。それらの文献は，損益分岐点分析だけでなく，時間価値の概念についても十分に解説されていますから，

②の学習にも利用してください。

8-2 ● 損益分岐点分析の概要

損益分岐点とは，利益と損失が分岐する点，つまり利益も損失も出ない売上高を意味します。損益分岐点を越える売上高であれば利益が生じ，それよりも少なければ損失が生じることになります。損益分岐点は，以下の図8-1で示すことができます。

図8-1　損益分岐図表

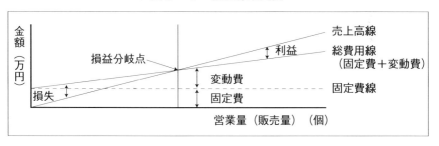

損益分岐点分析は，たとえば「所要利益を達成するためには，どれくらいの販売量が必要か」，あるいは「来期の販売量が今期よりも10％増加するとしたら，確保できる利益額はいくらか」といった疑問に答えてくれます。この分析は，企業の営業量（たとえば販売量や売上高）が変化したとき，それに応じて原価がどのように反応するかをみることで，得られる利益を予測するものです。つまり，図8-1における売上高線と総費用線の交点の示す販売量であれば，企業は利益も損失も出さない（＝利益ゼロ）ことになります。この交点こそが，損益分岐点となります。企業は，損益分岐点以上の売上高を達成しなければなりません。

損益分岐点分析は原価を区分することから始まります。ここでいう原価とは，経営における一定の給付にかかわらせて，把握された財貨または用役の消費を，

貨幣価値的に表したもの（原価計算基準）をいいます。損益分岐点分析では，この原価を固定費と変動費とに区分します。固定費とは，営業量の増減とは無関係に，総額において一定期間変化せずに発生する原価をいいます。例としては，基本給に基づく人件費，保険料，広告宣伝費などが固定費としてあげられます。また，変動費とは，営業量の増減に応じて，総額において比例的に増減する原価をいいます。たとえば，製品の直接材料費や出来高給による直接労務費などが変動費にあたります。

変動費線は，1単位生産するごとに原価が増加するため，図8－1で総費用線として示されるように，傾きを持つ線形で示されます。また，総費用線の切片は，固定費の金額を示します。

8－3 損益分岐点分析の例

(1) 損益分岐点の算定

以下の資料は，来期（1年間）に予定される原価などを示す例題です。直接材料費，直接労務費，および製造間接費の一部は，1単位生産するごとに発生するため，変動費に区分します。その合計額は1単位当たり250円となります。また，製造間接費のうち1単位当たりで把握できない部分，および広告費などの販売費・一般管理費は固定費に区分されます。

予想需要：24,000個（年間）売価：@500円⇒予想収益12,000,000円
所要利益：1,500,000円

（単位：円）

	固定費	変動費		総費用
直接材料費	－	@100	2,400,000	
直接労務費	－	@110	2,640,000	
製造間接費	2,000,000	@40	960,000	
販売費・一般管理費	3,000,000	－	－	
合計	5,000,000	@250	6,000,000	11,000,000
営業利益				1,000,000

年間の予想需要から期待される次期の収益は1,200万円であるとすると，損益分岐図表は次のようになります。損益分岐図表は，損益分岐点分析を図示したもので，その理解を促進するのに有用です。ビジネスプランを作成する際には，損益分岐図表を描くことを勧めます。

図8－2　例題の損益分岐図表

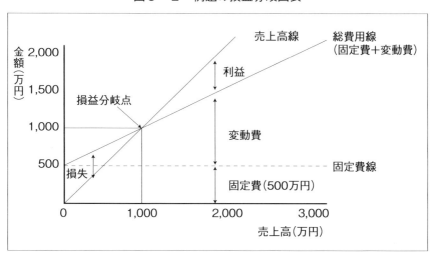

この図8－2では，縦軸に収益・費用をとり，横軸に営業量として売上高をとっています。売上高線は，原点から45度の傾きで引きます。本章第8－2節「損益分岐点分析の概要」の図8－1では，縦軸に収益・費用の金額，横軸に販売量の個数を取っており，単位が異なるので売上高の傾きを45度にすることはできません。しかし，縦軸と横軸の単位が同じであることから，ここでは縦軸と横軸の目盛りを同じ縮尺にすれば，縦軸の収益と横軸の売上高の長さは等しくなり，売上高線は45度の傾きを持つ線となります。

損益分岐図表の作成にあたって，まず，固定費（500万円）は，どれだけ生産（販売）しても費用が増加することはありませんから，縦軸500万円の位置から平行線を引きます。次に，縦軸500万円の位置から，予想収益と変動費総額をもとに，600万円/1,200万円の傾きの総費用線を引きます。総費用線は，

傾き1/2，切片500万円の線形で示されることになります。

売上高線　y = x

総費用線　y=$\frac{1}{2}$x + 5,000,000

　損益分岐点は，売上高線と総費用線の交点で示されます。上の2式から，例題の損益分岐点は，1,000万円であることがわかります。当該事業に関しては，1,000万円の売上高を確保することができれば，少なくとも損失を出さなくてすみます。

(2) 所要利益達成に必要な売上高の算定

　企業経営において，発生する原価を把握することももちろん大切です。けれども，それ以上に重要なことは，所要利益を定めることです。

　金融機関からの資金調達，あるいは株主からの投資など資金調達の方法はいくつかありますが，金融機関へは利息を支払わねばなりませんし，株主には配当を分配しなければなりません。また，生産を拡大するための設備投資にも資金が必要になるでしょう。企業は，利息，配当，設備投資額などの所要額を算定しなければなりません。たとえば，銀行から年利10％で800万円の借入れがある場合，少なくとも80万円の利益を得られなければ利息を支払えません。企業にとって，それらの所要額を算定・合算し，所要利益を設定することは非常に重要な意味を持ちます。

　例題の資料では，所要利益として150万円を掲げています。150万円の所要利益を達成するためには，どれくらいの売上高を上げなければならないのでしょうか。この問題は，図表からではなく，公式を用いて解決してみましょう。

p：製品の販売単価
x：製品の販売量
v：製品単位当たり変動費
F：固定費
g：営業利益
Q：損益分岐点の販売量

売上高は通常，費用と利益からなるものですが，損益分岐点での売上高は，利益も損失も含まないため，次式のように表されます。

売上高＝費用
　　　＝変動費＋固定費
$p \cdot x = v \cdot x + F$

上の式は，以下のように表すこともできます。

$p \cdot Q = v \cdot Q + F$
$\therefore Q(p-v) = F$

上の式から，以下の損益分岐点を示す公式が得られます。

$Q = \dfrac{F}{(p-v)}$
$ = \dfrac{固定費}{製品の販売単価 - 単位当たり変動費}$

損益分岐点の公式をもとに所要利益 g を獲得するために必要な販売量（Qg）を考えれば，公式は次のようになります。

$Qg = \dfrac{F+g}{p-v}$
$ = \dfrac{固定費＋所要利益}{販売単価 - 単位当たり変動費}$

上の式から，例題の所要利益（150万円）を達成するために必要な売上高は，1,300万円であることがわかります。

以上のように，損益分岐点分析は，企業が最低限確保すべき売上高や所要利益達成のために求められる売上高を示してくれます。もし，損益分岐点分析の示す売上高が実現不可能なくらい高ければ，計画を見直す必要があります。当該事業計画を進めるためには，たとえば以下のことを考えなければなりません。

・固定費の削減
・単位当たり変動費の削減
・販売価格の値上げ

　例題に戻って考えてみると，現在の予想収益1,200万円では所要利益150万円を達成することができません。営業量を100万円分向上させなければなりません。このときの対策として，たとえば広告費（＝固定費）を削減することが考えられます。また，単位当たりの変動費を削減することも考えられます。材料の仕入先の変更や出来高払いの人件費の削減によって，変動費を減らせるかもしれません。このほか，販売価格を値上げすることもできます。

　ただし，新製品など認知度の低い製品の場合，広告費を削減することで売上高自体が減少する可能性のあることや，自社の条件に合致した仕入先と信頼関係を築くことが難しいこと，人件費の削減が従業員の士気を低下させる恐れのあること，販売価格の値上げは当初予定していた需要を減らす恐れのあることなどを考慮しなければなりません。特に，新しいビジネスプランの立ち上げは，既存事業に比べ，不確実性も大きいでしょう。損益分岐点分析を行う際には，当該ビジネスプランに求められる所要利益を見極め，発生すると見込まれる原価をすべて折り込むことが肝要です。また，事業採算計画の策定後は，その計画通りに実行されているのか，定期的に確認し，場合によっては見直すことも忘れてはいけません。

◀参考文献▶
岡本清『原価計算　六訂版』国元書房，2000年。
岡本清・廣本敏郎・尾畑裕・挽文子『管理会計』中央経済社，2003年。
企業会計審議会『原価計算基準』1962年。

Part 3
ケース

第9章

3色ボールペン法で読み解く ケーススタディ

9－1 ● 3色ボールペン法とは

　ケーススタディを読んでもなかなか頭に入らない。どのようにケーススタディを読めばいいのかわからない。1回読んでわかったはずが実はわかっていないみたい。赤ペンで線を引いて読んでいたらたくさん引きすぎてどこが重要か，なぜこの部分に引いたのかわからなくなってしまった。

　このような思いを抱いていませんか。ビジネスプランを作成するためには，ビジネスプランの成功事例（ケース）をしっかりと読んで，そのエッセンスを理解することが大切です。そこでここではそのためのスキル，3色ボールペン法を紹介します。

　3色ボールペン法の提唱者である斎藤孝氏によれば，3色ボールペン法は情報を読むときやメモなどに書き留めるときに，赤・青・緑の3色のボールペンを使って色分けをするものです[1]。それぞれの色には，次のような意味があります。

> 赤：「すごく大事」・・客観的に見て，最も重要な箇所
> 青：「まあ大事」・・客観的に見て，まあ重要な箇所
> 緑：「おもしろい」・・主観的に見て，自分がおもしろいと感じたり，興味
> 　　　　　　　　　　を抱いたりした箇所

　このように大きくこの3つに分けて，それぞれの色のペンで線を引きながら，資料や書類を読み進めていくのです。3色ボールペン法は，ケーススタディを

行うときだけでなく，会議資料や新聞・雑誌，その他の資料を読むときにも役立ちます。

9-2 ● 3色ボールペン法の実際

　次に，3色ボールペン法を実際にやってみましょう。まず，青色のペンを持ちます。そして，青ペンで重要そうなところにどんどん線を引いていきます。次に，赤色のペンに持ち替え，青線が引かれた部分の中で最も重要な部分や，青を引くまでもなく明らかに最も重要だと思える箇所を赤で引きます。

　緑は，青・赤の世界とは別に，個人的にハマる，つまり，自分にとっておもしろいと感じる部分に引きます。その際，青・赤が引かれていようといまいと関係ありません。結果として，赤・青・緑のすべてが引かれる部分も出てきます。最終的に，赤線を拾って読んでいくだけで，その資料なり文献なりの要旨がくみ取れれば，うまく線が引けていることになります。

　最初は思い切りがつかずに「まあ大事」の青線すら，なかなか引けないかもしれません。あるいは，線を引くと汚れてしまうのが嫌だ，テキストはきれいに使いたいと思うかもしれません。しかし，線がガンガン引かれてがっちり読んでくれるのならば「テキスト冥利」に尽きるというものです。

　最初は引き過ぎるくらいがちょうどいいのです。青をどんどん引きまくりましょう。引いていくうちにいいバランスになってきます。最初から必要な部分だけに線が引かれなくても構いません。また，律儀に定規を使って線を引くのも読むスピードが落ちてよくありません。定規を使わずフリーハンドで，読むスピードに合わせて，引いていきましょう。

　3色ボールペン法で読まれた文章は，体にしみこんで記憶に残り，自分のものになります。しかも，赤や緑を拾い読みすればよいので，あとで参照しやすくなります。

9−3 ●読書会での共有

　3色ボールペン法を使って，文献や資料をチームやクラスのメンバー全員で読んできたら，ぜひ「読書会」をしましょう。「読書会」と言っても堅苦しいものではありません。緑と赤で引かれた部分を一箇所ずつ持ち回りで発表していくのです。

　「緑の読書会」では，緑線を引いた部分を全員が発表します。「1～2ページで緑線を引いた人はいませんか」などと，ページの若い方から順番に発表してもらうのがいいでしょう。発表は，緑線部分のページ番号・行番号を示し，その部分を声に出して読み上げた後，なぜそこに緑線を引いたかを簡潔に説明する形式で行います。各自の発表を受けて，もし同じ部分に緑線を引いたメンバーがいれば，その人にもなぜそこに緑線を引いたかを発言してもらいます。また，各自の発表に対してコメントしたいメンバーがいるようなら，その場でコメントしてもらいます。この繰り返しで，発表会は進みます。

　自分がおもしろいと思ったこと，興味あることを発表するのは，誰にとってもうれしいことです。緑の読書会では，他のメンバーがおもしろいと感じた箇所がわかり，同じ箇所をおもしろいと思ってうれしくなったりします。逆に，誰とも重ならない部分に緑線が引かれてあれば，そのメンバーの個性が際立ちます。こうして，テキストへの理解と同時に，メンバー同士のお互いへの理解も深まり，その場の雰囲気も温まります。

　次に，「赤の読書会」では，赤線の部分を全員が発表します。発表順と形式は，緑の読書会と同じです。緑の読書会と違って，赤線は「客観的に見て，最も重要な箇所」に引くことになっているので，引かれた箇所は全員がおおむね一致するはずです。したがって，ある程度意見を一致させるためのディスカッションをしましょう。このことによってケーススタディのエッセンスが明らかになり，参加メンバー全員がそれを共有できます。

　読書会は，全員が事前に準備をしてくることが基本ですが，自分ひとりでは内容を十分に理解できなかったメンバーにとっても得るところが多いというメ

リットがあります。3色ボールペンで読んできた自分のテキストに，他のメンバーが線を引いた部分を理由と日付とともに書き込んでおくと，そのまま読書会の記録になります。

　なお，緑の読書会をやってから，赤の読書会に移る方が，場が盛り上がってスムーズに進みます。次章のケーススタディでは，ぜひこの3色ボールペン法を活用して，理解を深めていってください。

◀注▶

1　斎藤孝『読書力』（岩波新書），岩波書店，2002年。斎藤孝『三色ボールペン情報活用術』角川書店，2003年。

第10章

ミニケース集

10−1 ● 起業ベンチャーのミニケース

① エジソンの電球

　1816年，アメリカ合衆国ボルチモアに初めてガスの街灯が設置された。19世紀中頃までには30社がガス灯を生産するようになり，1860年には211社，1870年には350社へとガス灯を生産する企業は増えていった。しかしその後，白熱電球の発明とその後の電灯の普及により，ガス灯は姿を消していく。

　白熱電球の発明者としてはエジソンが有名であるが，実は同じ頃，エジソンだけでなく，イギリスのジョセフ・スワンを初め，イギリス・ドイツ・アメリカの発明家が電球を開発していた。

　エジソンが電球の開発に本格的に取り組み始めたのは，1878年9月のことである。その直接のきっかけは，強力な発電機を見る機会があり，電灯事業のビジネス・チャンスを直感したためであるという。

　エジソンの発明工場といわれる，1876年に設立されたメンロ・パーク研究開発センターでは，エジソンの助手たちがクロム，アルミニウム，イリジウム，白金などのさまざまなフィラメントを使って電球の長寿命化の実験をしていた。その間にエジソン自身は，効率性の高い発電機を作り上げた。大型電灯が成功すれば，高性能の発電機が必ず必要になると考えていたためである。

　さらにエジソンは，送電サービスについても，ある構想を持っていた。ガス灯とのコスト競争になれば，高価な銅線の使用を最小限に抑えなければならない。低電圧では高価な銅線が多く必要であるため，エジソンは白熱電球の開発

段階で高電圧をかけることにした。

　ガスの照明システムは，エジソンにとって貴重な先行モデルだった。エジソンは既存のガス燈用の溝に電線を引き，ガス灯用の燭台に電灯を取り付けた。このように，初めからエジソンはどのように電灯が開発され普及していくのかを考えていたのである。

　1879年10月19日，エジソンらは，2日間燃え続ける炭素フィラメントを発見した。その後，数ヶ月間の改善を経て，ついに179時間持続する電球が開発され，日本の竹を使うとさらに長寿命化できることもわかった。これがその後14年間，白熱電球の標準デザインとなった。

　エジソンが初期に導入した電球は，基本的にはすべて手作業で作られていた。その後，電球はエジソン電灯会社で製造されるようになった。当時，電球の組立には200工程以上の手作業を必要とした。ガラス工は精巧なガラス球を吹き，熟練工がより精巧なフィラメントをステム管に取り付け，口金にそれらを取り付け，真空装置を使って電球から空気を抜いて密封した。1885年までは，真空にする工程だけで5時間もかかったという。しかし，やがて生産工程の革新が起こり，製造時間は大幅に短縮され，労働者にも技能や経験がさほど求められなくなった。こうして電球は非常に低価格で供給されるようになった。

　電灯ビジネスには1885年までに8社が参入したが，エジソンはすでに重要な特許のほとんどを支配し，電球の大規模生産に必要な熟練技術者の多くを雇い入れていた。1883年末には，エジソン電灯会社は215件の特許を取得し，370件が申請中だった。1885年までに，同社はアメリカの全電球の75%（30万個）を生産していた。

　こうして電灯産業は，1930年代に蛍光灯が出現するまでの約50年間，主流であり続けたのである。

◀参考文献・資料▶

ジェームス・M・アッターバック著（大津正和・小川進監訳）『イノベーションダイナミクス：事例から学ぶ技術戦略』有斐閣所収，第3章，1998年，pp.81-129。

❷ ラジオとテレビ

ラジオの原理は，マックスウェルの電磁波理論を応用したものである。その原理に基づいて，無線を初めて実用化したのは，グリエルモ・マルコーニというイタリア人であった。彼は1897年にイギリスでマルコーニ無線電信会社を設立した。マルコーニがつくり上げたビジネスモデルは，遠く離れた2地点間でメッセージを送受信するサービスから収入を得るというものであった。

19世紀末から20世紀初頭にかけて，無線技術は真空管の発明者や電機メーカー，アマチュア無線愛好者の取り組みによって発展していった。当時のラジオセット（ラジオ受信機）は受信だけでなく送信もできたので，人々は夜な夜な無線でメッセージのやり取りをして楽しんでいた。

そのような中，1920年11月2日，ウェスチングハウス社が運営する放送局KDKAがラジオの定時放送を開始した。このKDKAによる放送事業の開始は大きな衝撃であった。しかし，それによってすぐに今日のようなラジオ放送ビジネスが確立されたわけではない。このとき，ウェスチングハウス社は，自社が製造するラジオセット（ハードウェア）の売上拡大を目的としており，ラジオ放送それ自体（ソフトウェア）で利益を得ようとはしていなかった。

ウェスチングハウス社の他にも，ラジオ放送に参入しようとした企業は数多くあった。しかし当時は，まだ確立したビジネスモデルはなかった。放送事業に参入しようとしていた電話会社AT&Tの副社長W・ギフォード氏も，「1921年初頭には，ラジオが本当のところどこに向かっているのか，誰にもわかっていなかった」と言っている。そのような状況の中で，ギフォード氏は，ラジオ放送は電話ビジネスに似たものになると考えていた。

しかし意外にもラジオは，その技術的な特性から，ギフォード氏が考えていたような電話ビジネス型の一対一の通信手段としてではなく，一対多のマス・コミュニケーションの手段として定着していったのである。

1922年頃になると，さまざまなラジオ放送のビジネスモデルが提案されるようになった。たとえば，ラジオの視聴者であるリスナーから直接受信料を徴収して収入を得る方法，ラジオセットの購入費や使用料から収入を得る方法，そして広告により収入を得る方法などである。しかし広告目的のコマーシャル放

送が定着するのは，まだ先のことであった。当時はまだ，有力なラジオ・コーポレーション・オブ・アメリカ（RCA）の社長であったデヴィッド・サーノフ氏でさえ，コマーシャル放送には反対していたのである。サーノフ氏自身は日本のNHKのような公共放送を行う会社の設立を考えていた。

　ところが，1920年代後半になり，アメリカで大衆消費社会が形成されると，リスナーはむしろ広告を積極的に好むようになった。その後，次第にコマーシャル放送は社会に受け入れられるようになり，1930年頃には，広告収入を得るためにニュースやエンターテイメントなどコンテンツを放送するという，ラジオ放送のビジネスモデルが確立したのである。

　他方で，テレビの場合も，技術開発の初期段階では，誰もラジオに続く放送メディアになるとは想像していなかった。1923年にアイコノスコープというテレビ・カメラを開発したウラジミール・ツヴォルキン氏でさえ，そうであった。

　実は，テレビがラジオの次に来るメディアとなることを構想したのは，RCAの社長だったサーノフ氏であった。彼は「無線で聞くかわりに無線で視るという技術に対して名づけられたテレビジョンがやがては実現するようになる」と，アイコノスコープ発明のわずか1ヶ月後に述べている。

　その後，テレビは，サーノフ氏の構想した通り，そしてサーノフ氏自身の手によって，ラジオ放送のビジネスモデルに沿う形で開発が進められたのである。すでにラジオが家電として各家庭に普及し，音声だけではあってもコマーシャル放送が社会に浸透していたため，テレビの普及はそれに付け加わる形で進んでいった。

　以上のように，ラジオもテレビも，マス・コミュニケーションの手段として20世紀前半に形成され，今日に至っている。21世紀にはインターネット，携帯電話，スマートフォンといった新たなコミュニケーション手段が出現したが，いずれも原理的には1920年代のビジネスモデルを引き継いでいる。

◀**参考文献・資料**▶
水越伸『メディアの生成―アメリカ・ラジオの動態史』同文舘出版，2013年。

❸ デル「ダイレクト・モデル」

15歳の誕生日。マイケル・デルは，両親に初めて買ってもらったパソコンを分解し，自分で組み立て直していた。その後，まるでバイクを改良するように，流通業者から部品を買い集め，性能を上げては友人に売っていた。

彼は，パソコンの知識も顧客をサポートする技術もない販売店が法外な利益を得ていたのを知っていた。そのため，自分でもっと大規模にやればもっとビジネス・チャンスがありそうだと思っていた。

父や兄と同じ医師の道を目指してテキサス大学に入学した後も，彼は右手に医学書，左手にパソコン部品を持ち，授業以外はパソコンの改良に没頭した。それが評判になり，医者や弁護士から注文が来るようになった。寮の一室はやがて工場に変わった。

19歳で彼は1,000ドル（当時約23万円）を元手に会社を設立した。社名はPC's Limitedである。テキサス州に登記し，地元紙に3行広告を出したのは，1984年のことである。

当時の売上は月5万ドルから8万ドルであった。IBM製のパソコンが急速に市場を拡大する中，その追い風を受けて，事業は順調に成長する。デルはやがて大学の寮を出て，次々と広いオフィスに引っ越していった。そして，デル社は創業17年で世界最大のパソコンメーカーになった。

デル社の武器は，パソコン業界で初めて成功した直接販売と注文生産の「ダイレクト・モデル」である。デル社は小売店で販売せず，顧客の注文を受けて，希望にあわせたCPU（中央演算処理装置）やハードディスク，ディスプレイなどの部品を集め，1台ずつ生産し，顧客に直接納品する。販売店やディーラーなどの中間流通を介さず，流通マージンや店舗コストがかからない分，安く売れて在庫もいらない。同社の在庫水準は，業界屈指の低水準にある。

一般のパソコンメーカーと異なり，顧客と直接取引することから，顧客が求めているものがすぐわかるのが，他社とは決定的に違うダイレクト・モデルの強みである。

マイケル・デルは言う。「見込み客や購入客とのコミュニケーションを絶やさなかったから，みんなが何を望み何に喜ぶのかを正確に把握していた。そう

せざるを得ない部分もあった。最初は資本があまりにも少なかったから，過剰な在庫のために時間やリソースを無駄遣いするわけにはいかなかったのだ」。

ただし，デルのダイレクト・モデルにも弱点はある。最大の障壁は，自分の目で製品を確かめる店舗を持たないことから生じる，顧客の品質に対する不安感だった。これへの対策として，デル社は30日間返金保証を始めた。

さらにデル社は，IBM製のパソコンと互換性のある最高性能のパソコンの開発にも力を注いだ。自前で製品設計をやっていれば，性能を向上させることもできる。デルはやがて独自に開発した12メガヘルツのマシンを1,995ドルで発売し，IBM製の3,995ドルの6メガマシンと比較する広告を出した。倍の性能を半額の値段で提供したのである。

デル社は，常にスタンダードな業界標準の技術を採用する戦略を取っている。そのために，業界の各分野におけるリーダー企業との戦略的なパートナーシップにより，常にいち早く最新技術を製品に取り込みつつ，最高レベルの性能と信頼性を誇る製品の開発を行っている。こうした努力によって，デルは，単に製品の単価を下げるだけでなく，安い値段で高品質・高性能のパソコンを提供することにも成功しているのである。低在庫経営で旧製品の在庫が少なく，新しい技術を搭載した製品をすぐに市場に提供できることも同社の強みである。

同社は，製品をどこにも滞留させずに配送するノンストップ・ダイレクトシップメントも実現している。受注から生産，物流までのすべての情報は一元管理され，注文した製品の配送状況はインターネットなどで検索できる。同社の顧客は，納期が短いというメリットのみならず，いつ届くかを知ることのできる安心感も与えられているのである。

◀参考文献・資料▶

マイケル・デル『デルの革命―「ダイレクト」戦略で産業を変える』日本経済新聞社，1999年。
『朝日新聞』2004年6月5日付「大学の寮で始めたビジネス世界を制す」。

❹ 関西スーパー

　株式会社関西スーパーマーケットがチェーン展開する関西スーパーは，兵庫県伊丹市に本社を置き，兵庫・大阪を地盤とする中堅規模の食品スーパーである。生鮮3品といわれる肉・魚・野菜や惣菜など，食料品の展開にこだわりを持ち，鮮度と高品質を保持するために，売り場とバックヤードの作業場を直結させるインストア方式（加工施設を店舗に付設する方式）を採用しているのが特徴である。

　創業者である北野祐次氏は，もともと大阪市中央卸売市場本場で，かつお節を扱う仲卸業者であった。その北野氏が生鮮食料品の小売業である食品スーパーに関心を持った理由は，主として2つある。1つは，生鮮食料品には安定需要があると考えたためである。そしてもう1つは，生鮮食料品流通の近代化にこそ，ビジネス・チャンスがあると考えたためである。

　当時のスーパーは，生鮮食料品の専門業者をテナントとして入店させ，誇り高い職人が自分の経験に基づく知識と勘に頼り，仕入れにこだわって品質の良いものを店頭に並べ，夕方に売り切れれば早々と店じまいをしていた。つまり，生鮮食料品の取り扱いには，職人的な専門知識や特別な技術が必要であると考えられていたのである。

　したがって，それまで多くのスーパーが，生鮮食料品で収益を上げるのは難しいと考えていた。それに対して関西スーパーは，生鮮食料品の販売を職人に依存しないで行える方法を新たに考え出したのである。

　関西スーパーは，まず取り扱う商品を「普段のおかずの材料」に限定した。最高級品も低級品もどちらも取り扱わず，品質に上限と下限を設定したのである。また，職人に依存した体制をやめるために，作業を徹底的に単純化し，標準化して，マニュアル化した。こうして，職人が持っているとされていた技術を1つずつ分解していったのである。

　たとえば鮮魚は，プリパックしてセルフサービスにすれば，職人が目の前で素早く調理する必要はない。魚のさばき方も，家庭の主婦よりも上手に料理してあれば十分である。さらに，プリパックすれば，鮮度の管理もより簡単になる。こうして，鮮魚のセルフサービス方式が始まった。その結果，関西スー

パーでは，冷蔵庫は単に「冷やす機器」ではなく，「鮮度を維持する機器」と認識されるようになっていった。

　生鮮食料品を科学的に管理するには，他にもさまざまな革新が必要であった。関西スーパーは，青果物用の冷蔵庫，冷凍・冷蔵のオープンケース，フィルムやトレーといったプリパッケージ用の資材などを，メーカーの協力を得ながら次々と開発していった。

　さらに関西スーパーは，各店舗のバックヤードに工場を持つインストア方式を採用した。なぜなら，パック詰め作業を別工場で集中的に行うと，工場から店舗へ配送する間に鮮度が低下するためである。これによって，鮮度が重要な生鮮食料品のロス率が大幅に改善され，売れ残りや品切れのリスクも少なくなった。

　鮮度を保つために，関西スーパーは創業当初，メインの仕入先である大阪市中央卸売市場から車で1時間以内の距離を出店の目安にした。現在でも，関西スーパーの出店は，関西スーパー物流センターから約1時間30分以内に配送できる場所に限定されている。

　こうしたさまざまな工夫により，関西スーパーでは朝から夕方まで安定して同じ鮮度の商品を売り続けることが可能になった。これが「関西スーパーマーケット方式」（関スパ方式）として知られる鮮度管理システムである。

　現在，関西スーパーの本社と全店舗，メーカー等の取引先はオンラインで結ばれ，生産から販売までのサプライチェーン・マネジメントが構築されている。これによって，開店から閉店まで，鮮度と品質のよい商品を低価格でタイムリーに提供しているのである。

◀参考文献・資料▶
石原武政「新業態としての食品スーパーの確立―関西スーパーマーケットのこだわり」『営業・流通革新―マーケティング革新の時代4』有斐閣所収，1998年，pp.143-169。

❺ アンリ・シャルパンティエ

アンリ・シャルパンティエの創業者である蟻田尚邦氏は，23歳の時に大阪のアラスカというレストランに入社した。当時，料理人は中学を卒業してすぐ就職することが多く，遅めのスタートであった。蟻田氏は鍋洗いや，まかない作りの修業から始め，徐々に職場になじんでいった。

入社から3年近く経ったある日，店内の明かりが徐々に暗くなって，客の前にワゴンが出てきた。その前にシェフが進むと，ぽっと火が灯った。真っ白なコック帽とコックコートを身に付けたシェフが手を動かすたびに青い炎がゆらめく。それを見た瞬間，蟻田氏は足ががくがく震えるような感動を覚えた。そして，客がそれを口に含んだ時の何とも言えない満足そうな表情を見た時に，食べ物がこんなにも人を幸せにするものなのかと感じた。

これが蟻田氏とクレープ・シュゼットとの出会いだった。蟻田氏は当時，早く料理を覚えてレストランを開きたいと思っていた。しかし，この日のクレープ・シュゼットとの出会いが運命を変えた。彼は料理よりもデザートに関心を持つようになったのである。

しかしデザートのことを家族や友達に話しても，誰も理解せず，興味も示してくれなかった。それなら喫茶店でデザートを出してはどうかと考えた蟻田氏は，1969年4月に阪神の芦屋駅前で店をオープンした。店名はクレープ・シュゼットの生みの親にちなんで，アンリ・シャルパンティエと名付けた。当時としては非常に長い名前で，覚えてもらえるのかと心配だったが，彼はどうしてもこの名前でやりたかった。

当時の喫茶店といえば，薄暗い店内にタバコの煙が立ち込め，スポーツ新聞や競馬新聞を読むというイメージだった。しかし，アンリ・シャルパンティエの店内には，喫茶店らしい低い椅子やソファー，小さな低いテーブルはなかった。代わりに，レストランのような高さの椅子とテーブルが置かれた。デザートやケーキを食べながらコーヒーや紅茶を飲むには，椅子やテーブルをレストランと同じ高さにすることが必要だったのである。

店には大きな窓もあり，道行く人を眺めてゆっくりとお茶を飲んだり，ケーキを食べたり，あるいは道行く人がそういう光景を眺めたりすることができた。

こうして，全く新しい喫茶店として，アンリ・シャルパンティエは開業した。
　ところが，開店から1週間もするとパタッと客足が止まった。1ヶ月過ぎ，2ヶ月が過ぎていくにつれ，資金繰りは苦しくなっていく。夏が過ぎ，秋が来る頃には，閉店の覚悟も決めるほどだった。ただ，クリスマスだけは乗り越えたいと蟻田氏は考えていた。それは，アラスカで習ったプラム・プディングというデザートをどうしてもクリスマスのメニューとして出したかったからである。
　苦しい状況に陥っていた10月頃，店舗の斜め向かいにある本屋に週刊誌が10冊ほど並んでいるのに，蟻田氏はふと目を留めた。そして，その週刊誌を全部買って，編集部に取材を依頼する手紙を第三者のような文章で書いて送った。
　その後，しばらく音沙汰はなかったが，ある日，毎日新聞のOBから『サンデー毎日』で街の珍しいお店を紹介するから取材させてくれないかという依頼が来た。蟻田氏はデザートに対する想いを2時間ほどにわたって話し続けた。
　その後再び，全く音沙汰はなかったが，ある日店を開けると同時に，次から次へと客が入ってきた。午後にようやく手が空き，近所のうどん屋に行くと，店主が『サンデー毎日』を持ってきて，パラパラとめくって見せてくれた。目に飛び込んできたのは，アンリ・シャルパンティエという文字だった。その年の暮れにはテレビ出演の話があり，1970年には『an・an（アンアン）』，翌年には『non-no（ノンノ）』が創刊され，マスコミに次々と取り上げられていった。
　1970年には大阪万博があり，好景気のおかげで，1年半ほどで商売が軌道に乗り始めた。最初は喫茶の売上が中心だったが，次第にテイクアウトのケーキが売れるようになって，喫茶とケーキの売上比率が逆転した。
　開店から4年ほど経った頃，神戸そごうから出店の話が来た。輸送のコストや商品の鮮度が心配で断っていたが，そごうから店内に製造スペースを作るという提案があり，ついに百貨店にも出店した。その後，競合店を参考に，フィナンシェとマドレーヌといったギフトの焼き菓子の品ぞろえを充実させた。喫茶店からケーキ屋へ，そしてギフト菓子へと業態は変わっていったのである。

◀参考文献・資料▶
関西大学「起業のススメ」セミナー講演資料（講演日：平成17年11月24日）。

❻ 回転寿司「あきんどスシロー」

　世界では日本食に対する関心が深まり，寿司は世界中のあらゆる町で食べられるようになってきている。欧米を旅行すると，スーパーには寿司がごく日常的に売られており，寿司店も多いことが分かる。そして回転寿司のしくみは，日本のみならず海外でも展開され，生魚を食べることなど考えたこともなかった国の消費者にも受け入れられてきている。

　寿司を事業化するうえで一番の問題は，その原価率の高さである。寿司は非常に単純な料理である。寿司飯にわさびを付け，そして魚の切り身を載せるだけで，一応は寿司らしく見えるようになる。この単純さこそが，このビジネスの難しさを示している。なぜなら，他社・他店との競争においては，寿司飯の上に載せる具が有力な差別化ポイントの1つとなるためである。言い換えれば，低価格でできるだけ良い素材のネタを提供することが重要なのである。

　1984年に創業した回転寿司の「あきんどスシロー」は，もともと大阪にあった「鯛すし」という寿司屋の職人たちが始めたチェーン店である。そのためネタの仕入れにはこだわりがあり，その原価率の高さで知られている。同チェーンの原価率は大体50〜55％ともいわれており，この数字を基に人件費・設備費等の販売管理費を加えると，利益は数パーセントとなることを示している。寿司1皿を100円で売っても利益はせいぜい5円で，1人の客が10皿食べても利益は多くて50円ということになる。

　よって，寿司をビジネスとして展開するためには，この原価率の高さをどのように克服するかがポイントとなる。しかし，単に原価率を下げるのは危険である。なぜなら，寿司ネタの品質を落とせば，顧客離れにつながるからである。

　そこで寿司ビジネスを営む事業者は，仕入れにさまざまな工夫をこらすことになる。たとえば，全国チェーンではなく，地方の海岸沿いにある地元の回転寿司の中には，びっくりするほどの低料金でおいしい寿司を提供するところがある。これは，地元でのみ流通している魚を特別な仕入れルートを利用して調達できているからである。

　一方，大手の回転寿司チェーンでは，世界中からネタを調達したり，大量生産できておいしい新たなネタを開発したりといった工夫が行われている。あき

んどスシローでも，世界中から品質のよい食材を安全に仕入れるために，専門の部門が調達時の品質管理や検査を行っている。

　仕入れや調達に加えて，回転寿司の薄利多売ビジネスを支えているのは，高度な情報技術の活用である。回転寿司では，すし職人が握るカウンター型の寿司店とは異なり，職人技や接客技術といった属人的な能力を極力排除している。

　たとえば，注文はタッチパネル，寿司を作るのは寿司ロボットである。寿司を運ぶのはベルトコンベアのようなレーンで，配膳は顧客が自らレーンから取り出してテーブルに並べる。そして，精算時には学生アルバイトが皿の数を数える。このように高度にシステム化されたオペレーションによって，人件費を削減し，効率的かつ低コストで寿司を生産するシステムが作り上げられている。

　あきんどスシローでは，1992年に寿司ロボットを導入した。その後，2002年には，すし皿に無線ICタグを取り付けた世界初の商品管理システムを開発している。このシステムでは，寿司が作られるキッチンと客席との間にセンサーが設置され，どの皿が取られたのかが分かるようになっている。このデータを解析することで，地域や時間帯による売れ筋の違いがわかり，廃棄率も下がった。ネタの種類によって原価率も異なるため，人気のある売れ筋だけでなく，原価率が低く，利益率の高いものを組み合わせて，バランス良くレーンに流すことがポイントとなる。

　従来，寿司は来客時や冠婚葬祭などのハレの日に食べるものであり，小さい子どもを連れて寿司屋に行くという習慣もなかった。しかし，回転寿司という新しい業態の登場によって，寿司は特別な機会に少量だけ消費するものから，一般の人々が日常的に大量に消費するものへと変わった。このようなビジネスモデルの変化によって，寿司屋を訪れる客層も，子ども連れのファミリーから学生やサラリーマンなど，さまざまな人々へと広がっていったのである。

◀参考文献・資料▶
南知恵子・西岡健一『サービス・イノベーション―価値共創と新技術導入』有斐閣，2014年，pp.1-5。
「あきんどスシロー」ホームページ　http://www.akindo-sushiro.co.jp/

❼ スーパーホテル

ラグジュアリな超高級ホテルとビジネスホテルの写真を見た時に，どちらに泊まりたいと思うだろうか。高級ホテルを選ぶ人もいれば，ビジネスホテルと答える人もいるだろう。宿泊費を節約して他のことに使いたい人もいれば，特別な時には自分でお金を払っても高級ホテルに泊まりたいと思う人もいる。このように，ホテルに求める価値は，人によっても状況によってもさまざまだ。

そんなホテル業界で，2011年現在，部屋の稼働率が全国平均60.4%のところを89%，そして顧客のリピート率が70%という驚くべき実績を挙げているビジネスホテルがある。それが，全国106店舗（2014年10月現在）を運営するスーパーホテルである。

2011年3月に発表されたサービス生産性評議会顧客満足度調査結果によると，スーパーホテルは全体で12位，ビジネス・シティ両部門を合わせても帝国ホテル等の高級ホテルを抑え，ホテル部門で第1位に輝いている。その人気の高さ，特に出張中のサラリーマンに絶大な支持を得ている理由の一つが，充実した眠りを提供する数々の仕組みである。

フロントでチェックインすると，顧客はまず枕を勧められ，高さと硬さが違う7種類の枕から，自分好みのものが選べる。照明の明るさも，フロントから通路，寝室と徐々に照明を暗くして，睡眠を誘う工夫がされている。室内に入ると，ベッドは幅1.5mのダブルのゆったりサイズである。ベッドのマットレスの硬さは硬い・柔らかいの2種類から選ぶことができる。

室内は，図書館よりも静かな環境である。防音材のグラスウールやゴムパッキングを使用した防音設計を採用していることに加え，冷蔵庫も静音タイプのものを使用している。何よりスーパーホテルの最大の特徴は，天然温泉の提供である。2014年時点で，106店舗のうち47店舗に天然温泉の大浴場がある。

このような睡眠への注力とともに，スーパーホテルの人気のもう1つの理由は無料で提供される朝食である。出張中のサラリーマンにとって，朝食は大事な要素である。周辺のレストランからケータリングされる朝食は，メニューが豊富で，サラダに和食，そしてカレーまで提供されている。

このように，スーパーホテルは眠りに徹底した投資を行っているが，一方で，

それ以外のビジネスホテルとして不要なサービスについては，徹底して削り落としている。たとえば，個人客を中心とした宿泊に特化した業態であるため，通常のホテルによくあるレストランや宴会場は設置していない。これによって，厨房設備への投資が不要となり，料理人やウェイターの人件費も削減できる。さらに，広大なレストランのスペースを節約できることから，客室に特化して，狭い土地にもホテルを建設できるようになる。

　また，ビジネスホテルという性格上，顧客は宿泊を目的にホテルを利用するため，昼間にホテルを活用する顧客はほとんどいない。そこで，昼間の時間帯は照明や空調を止め，フロント業務も行わないことにしている。光熱費や人件費がここでも節約できる。

　さらにスーパーホテルでは，ホテルに必須と思われるチェックアウトもなくしている。同ホテルでは，チェックアウト時ではなく，チェックイン時に支払うシステムになっている。なぜチェックイン時に可能なのかといえば，部屋には電話や冷蔵庫の飲料がないため，後払いする必要がないためである。

　チェックイン時の料金支払いレシートには部屋の暗証番号が記載されている。そのため，スーパーホテルでは部屋の鍵を発行していない。鍵がないため，チェックアウト時に返却する必要もない。さらに，鍵をなくして暗証番号で解錠できるようにしたことから，深夜時間帯に玄関を施錠できるようになった。そして，これによって，深夜時間帯のフロント業務を止めることも可能となった。ここでもまた人件費が削減できる。

　以上のような徹底した施策により，スーパーホテルは，一般的なホテルの経営に必要な半分の人員で運営することが可能となった。こうして削減された経費は，宿泊費の低減や更なる施設の充実，そして新たなシステムを開発するための投資に回されているのである。

◀ **参考文献・資料** ▶

山本梁介『1泊4980円のスーパーホテルがなぜ「顧客満足度」日本一になれたのか？』アスコム，2013年。

⑧ QBハウス

　キュービーネット株式会社が展開するQBハウスは，カットのみを10分1,000円（税別）で提供する理髪店チェーンである。1996年に東京に第1号店を出店し，初年度は5万7,000人が来店した。2013年現在，全国に463店を展開し，来店者数は1,400万人を超える。日本のみならず，シンガポールや香港でも店舗を展開しているグローバル企業でもある。

　QBハウスのビジネスモデルの特徴を一言で言えば，感性志向から機能志向への転換である。日本では一般に，男性のヘアカットに平均1時間前後かかるという。カットをするだけでなく，タオルを何枚も使い，肩をもみ，お茶やコーヒーを出し，ドライヤーで髪を乾かし，ひげを剃るといったように，さまざまなサービスを提供するためである。実際に髪を切っている時間は全体のごく一部に過ぎず，むしろ待ち時間の方が長い。代金はその分割高になっている。

　これに対してQBハウスは，タオル，肩もみ，お茶やコーヒーといった感性志向のサービスをやめて，カットだけに集中させた。その結果，カットの時間は1時間から10分へと短縮されたのである。同社のホームページには「時間の可能性を切り拓く」とある。忙しい顧客がちょっとした時間の合間に利用できるように，店舗の立地も駅前やショッピングセンターなど，アクセスのよい場所を選択している。

　短時間でのカットを実現するために，QBハウスでは，髪型を極端に変えずに伸びた分だけをカットしてヘアスタイルを維持することを推奨している。また，ホースを用いてカット後の毛くずを吸い取るエアーウォッシャーというシステムも新たに導入した。エアーウォッシャーを導入することで，顧客の髪をぬらさずカットし，シャンプーとドライヤーという時間のかかる作業を省くことができたのである。

　さらにQBハウスでは，店舗の外に信号機のような3色のランプを置いて，空きユニットの有無を表示する工夫も行っている。赤色であれば15分以上，黄色なら5～15分の待ち時間があり，緑色ならすぐにカットができることを示している。このランプを見れば，顧客は入店前に待ち状況を知ることができ，入店後に待たされて不満を持つことがない。予約なしで気軽に訪れることができ

るという利点もある。QBハウス側にとっても，予約担当デスクをなくすことが可能となり，人件費を削減することができた。

　店舗スペースを効率的に使うための，さまざまな工夫も行われている。たとえば，カットした髪の毛を掃いた後は，チリトリで集める代わりに，椅子の下に備え付けられたダストボックスにそのまま収集できる。最近のシステムでは，足下に設置したクリーナーで吸い取ることも可能となっている。

　顧客の荷物や上着を預かるスペースは，個々の顧客が座る席の鏡の裏にクローゼットが隠れているため，受付に収納のための余分なスペースを取る必要がない。受付では現金を扱うこともなく，顧客は自分で千円札に両替して，おつりを出さないように支払いを行うのである。

　こうしてQBハウスは，業界平均3,000円〜5,000円程度というヘアカット代をわずか1,000円に設定しながらも，顧客の回転率を上げつつ人件費と店舗スペースを抑え，各店舗の時間当たりの売上高を大幅に増大させたのである。

　ここで注目すべきことは，QBハウスは価格を下げて時間を短縮しながらも，衛生面での顧客価値を下げていないという点である。

　通常の理髪店では，滅菌器は1店舗に1台設置してあるのが普通である。しかしQBハウスでは，各椅子の区画（システムユニット）ごとに滅菌器が備え付けられている。またQBハウスでは，顧客ごとに新しいクシと使い捨てのネックペーパー（タオルの代わり）を用いている。クシもネックペーパーも可燃性のもので，クシは使用後に顧客に渡される。さらに店員は，光に当たると消臭・滅菌効果のあるユニフォームを着用している。

　このように，カットがいかに安く早くても，衛生面での高品質は維持されている点が，QBハウスの強みとなっている。

◀参考文献・資料▶
W・チャン・キム＝レネ・モボルニュ著（有賀裕子訳）『新版　ブルー・オーシャン戦略』ダイヤモンド社，2013年。
QBハウスホームページ　http://www.qbhouse.co.jp/

❾ ピースウィンズ・ジャパンと帝人「バルーンシェルター」

　ピースウィンズ・ジャパン（以下，PWJ）と帝人テクノプロダクツ株式会社（現在はNI帝人商事株式会社，以下，帝人）は，難民や避難民に対して緊急支援を行うためのシェルター「バルーンシェルター」を共同開発した。

　PWJは紛争・災害・貧困・社会システムの崩壊等により，生命を脅かされている人々を支援する活動を行うNPO（NGO）である。

　緊急人道支援においては，紛争や災害が起こった直後の初動が大切になる。たとえば，テントをすぐ搬入しなければ，被災民は野外で過ごさなければならず，命にかかわる深刻な問題になる。したがって，PWJは，以下のような特徴のテントを必要としていた。①初動段階で日本から飛行機に乗せて運ぶことができるように「コンパクト・軽量」であり，②「多くの被災民」を一時的に避難させることができる「大きさ」で，③過酷な自然状況に耐えうる「強度」のあるテントだ。

　このようなコンパクト・軽量，大型，高い強度，という特徴をあわせ持つテントは存在しなかった。そんな時に，PWJのシェルター開発担当者が，たまたま新幹線の車内広告で帝人のイベント用テント「エアロシェルター」を知り，帝人のエアロシェルター技術営業担当者に連絡をとった。これが，シェルター共同開発のきっかけとなった。緊急人道支援用シェルター「バルーンシェルター」の共同開発が始まったのは，2000年7月のことである。

　両社の共同開発は，帝人の既存製品エアロシェルターを大幅に改良することとなった。可搬性と強度という，相反する2つの性質を両立させるために，どのレベルでバランスをとるのか，試行錯誤を繰り返した。何度もシミュレーションと解析を行って試作モデルをつくり，PWJが現地テストを行って検討した。既存のイベント用テント「エアロシェルター」よりも強度が高く，しかも重くならないテントを開発するために，デザインと生地素材を変え，その何通りもの組み合わせを検討した。その他，細かい工夫までいれるときりがないほどの改良を施して，緊急人道支援用テント「バルーンシェルター」は開発された。

　2000年6月からの1年間は，週に1回は打ち合わせを重ねている。試作モデ

ルの設計図ができたのが，2000年9月。試作モデル完成が10月。この間デザインして，設計して，型紙をつくり，縫製工場で縫製してもらい試作モデルをつくり，検討して，だめだったら次のものという試行錯誤を繰り返した。

　ついに2001年1月，インド西部大地震の被災民キャンプで原型バルーンシェルターが初めて使用された。そして，さらなる改良を加えて，現在のスタンダード・モデルのバルーンシェルターが完成した。

　このバルーンシェルターは，PWJとNGOのジャパン・プラットフォームが各々3セットずつ購入した。その後，行政の災害用備蓄や，企業の社会貢献の一環としての防災用シェルターとして購入したいという問合せを受けるようになり，バルーンシェルターを国内用にマイナーチェンジしたものも販売している。

　この製品開発は，NPOの社会的目的（難民支援）のための必要性，すなわちニーズと，企業のテント開発技術，すなわちシーズがうまくマッチして，両者のコラボレーションで取り組まれた。

　この「バルーンシェルター」の開発には次のような特徴があった。第1に，この商品は，緊急人道支援のためのシェルター開発を目指して取り組まれたものであり，目的と到達点が非常に明確であった。第2に，帝人側もゼロからの開発ではなく既存製品をベースとした改良であったため，単なる社会貢献としてではなく，社内的に納得を得られたビジネスベースでの関係で，PWJと取り組むことができた。そして最後に，PWJと帝人の担当者同士には，しっかりとした信頼関係が形成されていた。両者が綿密に話し合いながら，時間を割いて進めていくうちに，バルーンシェルター事業の位置づけや見通しがストーリーとして描けるようになり，担当者は成功する確信を得たという。

　完成したバルーンシェルターは実際に海外・国内で使用されている。

◀参考文献・資料▶
横山恵子「ソーシャル・ビジネスにおける協働─多様性と類型分析」『企業と社会フォーラム年報─持続可能な発展とマルチ・ステイクホルダー』千倉書房，2012年，pp.142-163。

❿ ヒューモニー「ベリーカード」

　株式会社ヒューモニーは2001年3月に設立され，2002年2月にサービスを開始したネット電報サービスのベンチャー企業である。インターネットで申し込むと全国に即日配達されるネット電報を，従来の電報サービスの約3分の1の価格で提供している。

　電報を打ちたい顧客は，まずヒューモニーのホームページにアクセスし，希望の商品や台紙を選ぶ。次にメッセージを入力するか，法人向け350種，個人向け500種ある文例集から選ぶ。そして配達先を入力して，申し込みが完了する。

　メッセージのデータは，ヒューモニーのサーバーにストックされ，全国47都道府県にある提携物流会社40数社の計270拠点のうち，最も配達先に近い拠点でダウンロードされる。配送拠点ではメッセージをプリントアウトし，あらかじめ在庫してある台紙の中から指定のものに挟み込んで配達する。こうして，午後2時までの注文であれば即日配達するサービスが実現されている。

　電報市場は衰退市場と思われているが，実は600〜700億円規模の市場であり，その大部分は法人需要である。ヒューモニーはこの法人需要に注目した。たとえば，年に1万通の電報を打っていた某大手メーカーがベリーカードに切り替えたところ，2,800万円かかっていた費用が960万円で済むようになったという。こんな話が口コミで伝わり，今では登録事業者数は10万件を超えている。

　電報は，電気通信事業法によって，国内はNTT，国際ではKDDI以外の事業者の参入が今も禁止されている。ヒューモニーが創業した2002年当時は，信書[1]の配達も，郵便法で郵便局の独占事業とされていた。

　そこでベリーカードの創業者である長谷川博之氏は，電報や信書ではなく，台紙がメインでメッセージは添え物だと位置づけようと思いついた。この論理が通用するかを弁護士に相談したところ，2人の弁護士が違法と判断したが，3人目の弁護士が「これは消費者が喜ぶ事業だ。おもしろい。世の中もいずれ変わる。それまで理論武装しておけば大丈夫」と支援してくれたという。

　そこで長谷川氏は早速資金を調達し，慶弔メッセージサービス（後にヒューモニーに社名変更）を設立する。しかし，ここからが大変だった。物流網構築

のために大手宅配業者を回ったが，どこも違法性を心配して協力してくれないのである。苦労の末，ついに赤帽連合会本部が賛同し，2002年2月にベリーカード事業がスタートした。

　初日の申し込みはわずか11通。その後も，初年度100万通を見込んでいた事業計画が，実際には月200〜300通で推移した。いったんは協力してくれた赤帽からも，事業から手を引くといわれてしまう。長谷川氏は，各都道府県の地場の物流会社を1社1社訪れ，赤帽から切り替えていった。

　ベリーカードがスタートすると，同様のサービスで参入する競合企業が相次いで登場した。しかし，自前の物流網を持ち，即日配達できるのはベリーカードだけだった。創業当初の2年間は営業赤字に苦しんだものの，2003年4月に信書便法が施行されると，ヒューモニーはすぐに特定信書便事業許可を申請し，2004年1月に取得，事業も安定し始めた。

　こうして法人向けサービスから電報事業に参入したヒューモニーは，2004年から個人向けサービスを開始した。個人ユーザーのアニバーサリー用途などは高付加価値需要が見込めるためである。

　ベリーカードの強みは，文字数最大300文字まで一律1,344円で即日配達される安価さ，手軽さと，豊富な商品アイテムである。プロ野球電報，リカちゃん電報，ぬいぐるみ電報などの多彩な商品に加え，花束や鉢植え，カタログギフトを贈るサービスの提供や，ネットビジネスの特徴を活かした「Yahoo!グリーティング」や「ぐるなび」との提携など，同社は常に新しい可能性を探っている。

◀注▶
1　特定の受取人に対し差出人の意思を表示し通知する文書。書状，請求書の類，会議招集通知の類，許可書の類，証明書の類，ダイレクトメール（受取人名が記載されているもの）。

◀参考文献・資料▶
『日経ベンチャー』2006年5月号，pp.62-66。
『週刊ダイヤモンド』2005年7月9日号，pp.144-145。
ベリーカードホームページ　http://www.verycard.net/

⓫ エレファントデザイン「空想生活」

　エレファントデザイン株式会社は，インターネットを利用して消費者主導の製品開発を支援するビジネスを展開している。同社が運営するサイト「空想生活」では，サイト上に消費者主体のコミュニティが形成されており，「消費者が欲しいと思うもの」の企画が製品化される仕組みが構築されている。エレファントという社名は，多様な役割を果たす象の鼻にちなんで付けられたという。

　エレファントデザインが空想生活で展開するのは，CUUSOOシステムというDTO（Design to Order）のビジネスモデルである。DTOとは，一般消費者向けの工業製品を消費者によるデザインと注文生産で製造する仕組みである。

　従来，一般消費者向け工業製品のオーダーメイドは不可能とされてきた。なぜなら，商品開発前にユーザーから注文を受け付けようにも，コストと時間がかかりすぎて，採算が合わなかったためである。しかし現在では，インターネットの普及とCG技術の向上がDTOの実現を可能としている。

　エレファントデザインの創業者である西山浩平氏は，大学在学中の1997年に同社を創業し，翌1998年には初の消費者参加型商品である携帯電話カバーを製品化した。

　1999年8月には「新商品の開発における仕様の決定および需要を予測する技術」に関するビジネスモデル特許を申請した。そして，2000年5月には「空想生活」のサイトサービスを立ち上げ，自社サイトでCUUSOOシステムの運用をスタートさせている。その後2007年には，株式会社良品計画の無印良品の商品を企画する空想無印や，7大学8ゼミの参加するStudent Innovation College（Sカレ）をオープンさせている。

　CUUSOOシステムにおける製品化は，次のような4段階のプロセスから成る。まず第1段階は，提案受付段階である。この段階では，さまざまな商品化のアイデアが提案される。提案は，空想生活に登録しているデザイナーなどから持ち込まれるケース，一般消費者が空想生活のサイトに書き込んで他の消費者の賛同を集めるケース，雑誌のコーナーで著名人が発案するケースなどがある。これらのさまざまな提案の中から商品化するアイテムの候補が決定され，

価格目標の決定や製造ロットの想定などが行われる。

　第2段階は，デザインの公開段階である。この段階では，デザインの図案やCG，コンセプトなどが空想生活サイト上に公表され，それを見て，その商品が欲しいと思った消費者からの投票やコメントが行われる。消費者は，商品の仕様やコンセプトについての自由な意見をアイテムごとに設置された電子掲示板に書き込むことができる。この段階では，消費者は投票するだけで，最終的に購入する義務はない。

　第3段階は，メーカーや販売会社との契約である。消費者が欲しいと支持した商品の投票数が一定の数に到達した場合のみ，製造するメーカーの候補を検討し，実際にメーカーと交渉を行って，概算の見積りや試作品の制作が行われる。これと並行して，開発中の製品に最適な販売会社を選び，契約を締結して，最終仕様と価格が決定される。

　最後の第4段階は，消費者からの受注と生産である。この段階で，消費者からの投票数が採算ベースの最低ロット数に達した商品のみ，購入を希望する消費者からの正式な予約受付が開始される。そして，消費者からの受注が確定した後に，メーカーへの発注と製品の生産が行われ，完成した商品がメーカーから消費者へ発送されて，一連の製品化のプロセスは完了する。

　以上のように空想生活では，ネット上で消費者の声を聞きながら，大量の見込み生産では作ることのできないような製品が開発され，販売されている。同時に，個別にカスタマイズした従来のオーダーメイド方式とは異なり，採算ベースに合う最小ロットの規模を確保した上で生産が行われているのである。

◀ **参考文献・資料** ▶

清水信年「消費者参加の製品開発コミュニティをめざして『空想生活』」（石井淳蔵・厚美尚武編著『インターネット社会のマーケティング』有斐閣所収，2002年，pp.272-297）。
エレファントデザイン社ホームページ　https://www.cuusoo.com/

⓬ 夢の街創造委員会「出前館」

　夢の街創造委員会株式会社は1999年9月に資本金1億円で設立された。翌2000年，同社はデリバリー総合サイト「出前館」をオープンさせ，2006年には大阪証券取引所ヘラクレスに上場している。

　1990年代後半，外食産業の売上は減少していた。一方，中食市場は非常に好調で，中でもデリバリー（宅配）市場が急成長していた。出前館のビジネスを軌道に乗せた中村利江氏はそこに注目したのである。

　当時の飲食のデリバリー市場は，ほとんどの店舗が紙のチラシやパンフレットでPRし，電話で注文を受ける仕組みであった。デリバリーを行う店舗では売上の約1割をチラシ広告に充てていたという。

　しかし，集合住宅にはオートロックのところが増え，チラシやパンフレットを投函するのも難しくなっていた。新聞の購読率も低下し，折り込みチラシとして配るにも限界があった。さらには，電話で注文を受けると人件費がかさむだけでなく，ピーク時に電話が増えると，話し中で電話が通じず，顧客を逃すリスクもあった。

　こうして，市場の成長性と課題にビジネス・チャンスを見出した出前館は，インターネット上のサイトからオンラインで注文するビジネスを始めた。消費者は，ピザ・寿司・中華・カレー・ネットスーパー・クリーニング・マッサージ・修理サービス等，さまざまな出前サービスをワン・ストップ・ショッピングで利用できる。

　出前館のサイトでは，配送を頼みたい場所の住所を入力すると，その地域で配達可能な店舗がリストで表示される。次に配達希望日を指定し，注文したいメニューを入れる。たとえばピザと入れると，配達可能な店とそれぞれの待ち時間を見ることができる。このように待ち時間を見せることで，急いでいる人は早い店を頼み，こだわりの店がある人は店の待ち時間を確認して待つといった選択ができる。

　ネット注文では，好みに合ったオプションの選択も簡単である。たとえばピザの場合，生地の種類やトッピングが自由に選べる。寿司の場合は，わさびの有無や，桶か使い捨てかといった容器の種類を選べる。これらの指示を電話で

行うのは非常に煩雑であるが，ネット上ならクリックするだけで簡単に行える。

　出前館のシステムでは，ネットで受けた注文をFAXで店舗に送り，同時に自動音声の電話がかかる仕組みになっている。注文は，店舗側がFAXを確認し，電話を受けて初めて完了する。このプロセスはコールセンターでモニターされ，受注後5分以内に店舗が確認しなければ，出前館のオペレーターが電話でサポートすることになっている。

　この方式であれば，注文がネット上で自動的に流れてくるため，店員が電話を受ける必要がない。顧客のリピート注文も簡単であり，個人情報が登録されているため，バースデー特典など，きめ細やかで即効性の高いプロモーションも行える。「雨が降ったらランチはデリバリーで」など，低コストでタイムリーな販促も可能である。情報の鮮度を重視し，メニューは常に最新のものが掲載されているため，欲しいものを注文できないというストレスも生じにくい。

　さらにネット注文には，注文品目の追加を促しやすいというメリットもある。たとえばピザを頼んだ後に，プラス100円でサラダを頼めると勧めれば，つい頼んでしまう心理が働く。こうしたプロモーション上の工夫によって，電話注文よりも客単価が上がることになる。

　一般に飲食店は雨天時には売上が下がるが，デリバリーは雨天の方が売れる。そのため，デリバリーを行えば売上が平準化できて，店舗にとって好都合である。出前館は，ネット出前専業ならではのノウハウを蓄積し，加盟店にもきめ細やかなサポートを行っている。

◀参考文献・資料▶
関西大学「起業のススメ」セミナー講演資料（講演日：平成18年5月20日）。
川上智子「非顧客戦略による市場ドライブ型市場志向の実現―ブルー・オーシャン，マーケティング，そしてイノベーション」『マーケティング・ジャーナル』第33巻第2号，2013年，pp.2-14。

⓭ Dari K

　京都三条通商店街に1軒の人気チョコレート店がある。吉野慶一氏が2011年に設立した「Dari K株式会社」本店である。短期間のうちに大手百貨店で常設店舗を構えるまでに成長した同社は，チョコレート店としては異色の出自と特徴を持つ。それを理解するために，話を2007年まで遡ることにしよう。

　当時，ヘッジファンドの投資顧問兼アナリストであった吉野氏は，インドネシアのカカオ豆の生産量が世界第3位であることを知った。しかし日本に輸入されるカカオ豆に占めるインドネシア産の割合は1%にも満たず，それとは対照的に，ガーナ産が約80%を占めていた。この差に吉野氏は興味を抱いた。

　独自に調査を進めた結果，いくつかの重要な事実が判明した。それは，インドネシア産のカカオ豆は品種自体が劣っているわけではないが，チョコレートの風味に欠かせない発酵の作業が行われず市場に流通するために，低品質と見なされていたということである。さらに驚くべきことに，現地のチョコレート農家はカカオ豆を発酵させる方法を知らず，仮に発酵させたとしても，その買取り価格は，未発酵のカカオ豆と大差がなかった。カカオ豆に含まれる油脂分だけを搾り取れればいいと考える買取り業者と，収穫後いち早く換金したい農家のニーズが一致した結果であった。

　そこで吉野氏は，インドネシア産の発酵させた良質なカカオ豆の輸入ビジネスを思い立った。カカオ豆の発酵技術を独学で習得するかたわら，その主要産地であるスラウェシ島の村に泊まり込み，発酵の技術と重要性を農家に指導して回った。そして，発酵させたカカオ豆を通常の市場価格よりも高い価格で買い取ることを農家に約束した。残る課題はカカオ豆の販売先の確保であったが，彼のアイデアは日本のチョコレートメーカーには見向きもされなかった。そこで，自ら輸入したカカオ豆を使ってチョコレートを製造・販売するビジネスへと行き着いた。Dari Kの誕生である。

　Dari Kのビジネスには3つの主要な特徴がある。第1に，カカオ豆の調達からその後の加工までのすべてを自社で行うため，カカオ豆独自の風味を最大限に活かしたチョコレートを製造できることである。通常のチョコレート店や洋菓子店の場合，チョコレート製造は「クーベルチュール」と呼ばれる製菓用

の原料チョコレートからスタートする。これは，焙煎後，皮を剥き粉砕したカカオ豆をペースト状にした「カカオマス」にバターや植物脂や砂糖などを添加したものである。このクーベルチュールは，菓子作りにおいて加工しやすいというメリットがあるものの，果実の種としてのカカオ豆本来の酸味や，ナッツとしての香ばしさが損なわれてしまうデメリットがあった。

そこでDari Kはクーベルチュールを使用することなく，自社でカカオマスを製造し，加工することで，カカオ豆の風味豊かなチョコレートを実現させた。これは契約農家から高品質なカカオ豆を直接仕入れ，自ら加工するDari Kだからこそできたことである。

第2の特徴は，Dari Kがチョコレートに留まらず，カカオ豆を使ったさまざまな製品・ビジネスを展開していることである。日本のチョコレート店の売上は，バレンタイン関連の需要に大きく依存しており，このことは経営の安定化を阻害する。Dari Kは加工の過程で発生するカカオ豆の皮を「カカオティー」として製品化したり，京都の酒造メーカーと共同開発したカカオ酒，国産はちみつに焙煎直後のカカオ豆を漬け込んだ「はちみつカカオ」を開発・販売するなど，チョコレートへのビジネスの依存度を低める努力を続けている。

第3の特徴は，同社の社会性である。Dari Kは，その地道な活動が評価され，インドネシア政府から推薦状を授与されるまでに信頼を得ている。また，カカオ豆からチョコレートを自作する「手作りチョコレート・キット」を開発し，小学生でも手軽にチョコレート作りを体験できる「学びの機会」も提供している。最近では，カカオ豆を取り出した後のカカオ外皮の廃棄時に害虫や蚊が大量発生し，農家や近隣住民に悪影響を与えていることに着目し，バイオマスエネルギーの原料として再利用するという資源循環型ビジネスの構築にまで活動範囲を広げている。「カカオを通じて世界を変える」という企業理念の下，Dari Kの挑戦は続いている。

◀参考文献・資料▶
Dari Kホームページ　http://www.dari-k.com
宗田洋子「食の世界の美しき仕事人たちVol.71」『料理通信』（3月），pp.92-93。

ⓐ しゃらく旅倶楽部

　NPO法人しゃらくは、高齢者や障がい者が気軽に旅行や移動ができる社会の構築を目指して、2006年に設立された。基幹事業は、要介護3〜5レベルの重度の要介護シニアの方々へのオーダーメイド旅行サービスである。その事業コンセプトは、「旅をあきらめない」「旅は最高のリハビリ」である。旅や移動は無理だと考えられている人々を対象に、オーダーメイドで旅を企画して、エスコートヘルパーや看護師が同行して、安全と健康を守りながら、サービスを提供している。

　旅の企画の手順は、以下のとおりである。まず顧客と電話でのヒアリングの後、日程調整をして顧客が入居している施設訪問を行う。次に、ケア・マネジャーやヘルパーも加わり、旅のニーズのヒアリングとアセスメントをきめ細かく行う。アセスメントには、顧客の身体の状態の把握も含まれている。

　その後、旅の骨組みともいえる仮の行程表を作成して、そこからバリアやリスクを洗い出し、対応策を検討して肉付けする。バリアや車いすのトイレの場所などは、スタッフが事前に現地に赴いて全て調査している。顧客の思い出が詰まった場所も行程に組み込むなど、できる限り、手づくり感あふれる旅を演出する。

　このように、しゃらく旅倶楽部では、バリアがないことを前提に訪問場所を選ぶのではない。顧客が真に行きたいところ、したいことを聞き出し、そこに行くうえでバリアがあるのであれば、それをフリーにするサービスを実施している。

　その根底にあるのは、旅をあきらめてしまう最大の原因は、設備のバリアではなく、心のバリアだという考え方である。彼らの設立理念には、「ゆとりあるライフスタイルを提案し、心のバリアフリーを推進する」ことが掲げられている。しゃらく旅倶楽部は、少子高齢化社会に向けて、シニア・シルバーの人々に生き甲斐を提案し、より楽しい人生を送ってもらうための手伝いをしたいと考えて運営されているのである。

　代表理事の小倉譲氏がNPOを設立して事業を始めた契機は、1つは、1995年の阪神淡路大震災でのボランティア活動である。そこで多くの気づきと出会

いがあり，人生観が変わったという。もう１つは，体の不自由な高齢の祖父との旅行の経験だった。それは非常に大変だったこともあるが，それ以上に旅先で生き生きとした祖父を目の当たりにして「旅は生きる力を生み出す」ことを実感したことが起業のきっかけとなった。

　社会の役に立つビジネスで，自ら起業したい。その思いは，要介護の人々への旅の提供という，しゃらく旅倶楽部の形で結実した。設立当初は，創業メンバー４人が６畳の部屋にともに暮らし，給料３万円という時期が２年間続いた。小倉氏を含む創業メンバー４人は旧友で，皆，大卒で就職した会社を辞めて集まっていた。365日，毎日仕事とバイトで貯金して，旅行業の登録を果たし，ついに，しゃらく旅倶楽部をスタートさせたのである。

　2008年当時，要介護など体の不自由な人々への旅行サービスは，大手旅行代理店が団体旅行の形で展開しているだけだった。しゃらくは，そこにビジネス・チャンスを見出した。まだ誰も手をつけていない個人旅行に目を向けて，オーダーメイド旅行を提供したのである。事業開始から６年，2014年には延べ1,200人近くの高齢者がサービスを利用した。顧客のリピート率は８割を超える。

　どの旅にも，スタッフがエスコートヘルパーとして同行するが，顧客の症状によって，エスコートヘルパーが複数になったり，看護師が同行したりする。したがって，費用はどうしても割高になる。サービス料金の中には，旅の必要経費の他に，ヒアリングやアセスメント費用などの安全対策費，企画料金，人件費が加算される。人件費の基本料金は，エスコートヘルパーで１時間2,400円，看護スタッフでは3,600円となっている。それでも，利用者やその家族，ケア・マネジャー等の口コミで，一定の利用者を確保し，継続してきた。

　現在，しゃらくでは，このビジネスモデルを他地域にも移転させることを検討している。

◀参考文献・資料▶
NPO法人しゃらくホームページ　http://www.123kobe.com/
NPO法人しゃらく代表理事　小倉譲氏へのインタビュー（2014年７月24日）。

10−2 ●社内ベンチャーのミニケース

❶ クロネコヤマト「ネット通販市場の成長と宅急便」

　日本国内の宅配便取扱個数は，2013年度に36億3,668万個（うちトラック便35億9,506万個）に達し，対前年度比3.1%増となった。その結果，4年連続で対前年度比増となっている。国土交通省のデータによれば，トラック便のシェアでは，ヤマト運輸の宅急便が46.3%，佐川急便の飛脚宅配便が33.9%，日本郵便のゆうパックが11.9%である。宅配便市場は，これらの上位3便で92.1%を占める寡占市場となっている。

　一方，経済産業省によれば，2006年4.4兆円だった日本国内のB to C-EC（消費者向け電子商取引）市場は，2013年に11.2兆円（前年比+17.4%）の規模に成長し，B to B-EC（企業間電子取引）市場は，2006年の148兆円から2013年の186兆円（前年比+4.4%）に拡大している。このように急成長を遂げているEC市場を支えているのが宅配事業者である。

　ヤマト運輸では，1997年に宅配便の全国物流ネットワークを完成させ，その後もさまざまな物流改革に取り組んできた。「ベース」と呼ばれるターミナルを中心に，その周囲に「宅急便センター」「取扱店」が配置され，まるで毛細血管のように機能している。2014年4月現在，ターミナルと呼ばれる拠点は69店，宅急便センターは3,900ヶ所，取扱店は239,074店に上っている。ドライバー数は約55,000名である。

　ターミナル相互間で配送車が行き来し，荷物は配送先の最寄りの宅急便センターへ配送され，そこから最終届け先へ届ける仕組みだ。夜21：00にターミナルを配送車が出発すると，600km圏内では翌日午前中までに，900km圏内では翌日中の配達を可能としている。自転車やカートを用いて細密な物流網につくりあげていることも強みとなっている。

　グループ内のヤマトロジスティクスでは，TSS（Today Shopping Service）により，宅急便ターミナル内の物流センターで在庫管理と出荷を行い，宅急便センターを経由せずに最短4時間で配送を可能とするサービスも提

供する。このサービスを始めた当初は，「当日配送は必要ない」とする利用者が多かったが，今や日常的な買い物にECを利用する消費者が増え，注文から宅配されるまでのスピードが求められるようになってきている。

　しかし，宅配便のサービス品質はスピードだけによらない。荷物の「受け取りやすさ」は重要で，荷物をどう届けるかというラストワンマイルは，顧客満足度を左右する。2007年よりサービスが開始された「クロネコメンバーズシステム」の導入により，利用者は，宅急便が自宅に届く前に「お届け予定日」「時間帯」をメールで受信でき，都合が悪い場合は「受取日」「時間帯」「受取場所」を変更することができる。不在時は「不在連絡」の通知により，外出先から希望の日時と場所を変更することが可能だ。メンバーズの会員（約1,000万人超。2014/03末）であれば，インターネット通販の荷物の受取りをコンビニエンスストアの「ファミリーマート（約10,200店）」「サークルK・サンクス（約6,300店）」が加わって全国約24,400ヶ所で受け取ることができる（2014/02現在）。配達時間内に帰宅できない利用者が，通勤・帰宅途中に自宅近くやオフィス近隣のコンビニで24時間受け取ることができ，自宅への配達を敬遠する一人暮らしの女性などの間でも需要が高まりつつある。

　宅配便の利用者が配送に求めるサービスは多様である。ネット通販市場が成長している今日，不在宅配を減らす取り組みは，利用者の利便性を向上させるだけでなく，宅配事業者にとっても作業のムダとコストの削減につながる。1回の配送で商品を購入者に確実に届けることや，宅配便の利用者がコンビニなどで確実に受け取れる体制を整えることは，集配効率を大幅に高める。それは人材確保の難しいドライバーの作業負担の軽減にもつながるのである。

◀注▶
B to B-EC市場は，狭義のEC市場を指す。

◀参考文献・資料▶
『チェーンストアエイジ』（2014年5月15日号）ダイヤモンド社。
『日本経済新聞』2014年4月23日朝刊。
ヤマトホールディングス　http://www.yamato-hd.co.jp/

❷ ワタベウェディング「海外ウェディング」

　ワタベウェディング株式会社（以下，ワタベ）は，婚礼市場において海外挙式という新市場を開拓した企業である。同社は，30年近く海外挙式サービスを行い，その市場シェアは他社を圧倒している。

　そもそもワタベが海外挙式を手がけるようになったのは，当時，貸衣装店を営んでいた同社が，少子化に伴い，いずれ結婚適齢人口が減少に転じ，競争が激化するであろうという危機感を持ったからである。

　そんな時，同社は「ハワイで挙式した」という客と出会う。そこで現地で調べてみると，かなりの数の人が海外で挙式を行っていることがわかった。一方，国内での挙式に比べると，海外で挙式する顧客のニーズは十分に満たされているとはいえなかった。たとえば，ウェディングドレスひとつ取っても，自身のスーツケースにいれたまま，持ち込んでいる人が多かったのである。

　このことからワタベは，海外挙式において貸衣装のニーズがあることを実感した。また当時は，変動相場制への移行に伴う円高も進み，将来的に海外渡航者が増加するという見通しもあった。こうした経緯から，ワタベは海外挙式を視野に入れた事業展開を始めることになる。

　しかし，その道のりは平坦ではなかった。まず，今までとはまったく違う海外挙式の市場に参入するには，いくつかの問題を解決しなければならなかった。とりわけ，海外挙式を希望している消費者を探し出す必要があった。

　そこでワタベは，旅行代理店と提携し，海外挙式の相談に来た人を紹介してもらう仕組みを作った。幸いにも，早い段階で海外挙式の事業を展開したために競合企業は存在せず，海外挙式パッケージツアーの参加者などを100％近く取り込むことが可能であったという。

　次にワタベは，海外ウェディング・サービスへと事業を拡張した。貸衣装店の海外出店がその展開の1つである。当時，結婚に対する意識は変わりつつあった。しかし依然として，結婚する女性はウェディングドレスに対する強いこだわりを持っていた。そのため，自分の思い描くウェディングドレスを借りられるかどうかが，海外挙式を決断する大きな要因となっていた。

　こうしたニーズに対応するため，ワタベは，貸衣装店を海外に出店すること

を決意したのである。それによって同社は，日本で衣装を選んで，現地の店で借りるという新しいビジネスの仕組みを構築した。

　その後，海外挙式は，バブル経済の崩壊を経て急激に増加することになる。それは，結婚式に対する消費者の考え方に大きな変化が生じてきたからである。

　従来，日本の挙式・披露宴などの結婚式は，親縁者，知人，会社の関係者などを招く招待制が中心であった。しかし，招待客の決定などの形式的な作業を敬遠する若いカップルを中心に，自分らしいこだわりを表現した結婚式が求められるようになった。

　また国内で招待客を招けば，経済的な負担も大きい。一方，海外挙式では親類が中心となるため，形式にこだわる必要もなく，経費を低く抑えることができる。こうして海外挙式市場は，海外への憧れで行われていた時代から，自分なりのこだわりや安価というニーズに応える時代へと移行した。

　ワタベもまた，そのニーズの変化に応えるように，海外ウェディング事業を拡張していく。まずは海外挙式のメッカであるハワイを皮切りに，アメリカ西海岸やオーストラリアなどへと海外の直営店を順次増やしていった。地理的な展開だけでなく，ビジネスの内容も拡張した。貸衣装だけでなく，挙式の運営やヘアメーク，記念撮影など，さまざまなサービスを拡大していったのである。

　海外で挙式を行っても，日本と同様に結婚式をスムーズに行うことができる。そんなトータルなウェディング・サービスを提案することで，ワタベは消費者の海外挙式に対する不安を解決し，海外ウェディング市場で圧倒的なシェアを保っているのである。

◀参考文献・資料▶
『日経ベンチャー』1998年4月号，pp.48-40。
『日経ビジネス』2006年5月8日号，pp.60-62。
『日経ベンチャー』2001年5月号，pp.50-51。
『日本経済新聞』1998年4月4日付「招待客も絞り楽しい雰囲気，手間かけずに海外挙式」。

❸ 良品計画「無印良品」

　株式会社良品計画は，「無印良品」の企画開発・製造・流通・販売を行う製造小売業（SPA：Speciality store retailer of Private label Apparel）で，衣料品，家庭用品，食品など，日常生活全般にわたる商品群を展開している。SPAとは工場を持たない製造・卸・小売業のことで，自己リスクで商品の企画・開発から生産，販売までを手がける企業である。GAPやユニクロがその代表例である。

　「無印良品」は，1980年12月に株式会社西友のプライベート・ブランドとして40品目（家庭用品9品目・食品31品目）でスタートした。その後，1989年6月に西友の100％子会社として独立し，株式会社良品計画となった。母体は，1985年9月に西友に発足し，無印良品の開発・販売を統括していた無印良品事業部である。1990年3月には，西友から無印良品事業に関する営業権（商標権，直営店運営など）を全面的に譲り受け，本格的に店舗展開を開始した。その後，2004年には，約5,000品目を展開するブランドへと成長している。

　無印良品が発売された当時は，素材・加工工程・包装などのムダを省き，メーカーのナショナルブランドよりもシンプルでより良質の商品をより安く販売する価格訴求型の商品であった。価格帯でいえば25～30％は安く，1980年頃の西友のポスターには，「わけあって安い」というキャッチフレーズが掲載されている。商品構成は，干ししいたけのパックなどの食品や台所用洗剤などの家庭用品などであり，日常の生活用品を主力商品としていた。

　この時期，スーパー各社は相次いでプライベート・ブランド商品を発売していた。たとえば，ユニーのEVマーク（1979年9月発売開始），ダイエーのセービング（1980年12月発売開始），イトーヨーカ堂のカットプライス（1981年8月発売開始）などである。その中でも無印良品は，順調に業績を拡大し，「ノーブランドのブランド」としての地位を確立していった。

　スーパーのプライベート・ブランドとして開発されながら，シンプルで知的，かつナチュラルというブランドイメージの構築に成功し，後に百貨店でも扱われるようになった商品は前例がない。こうしたブランドイメージが1990年代の10～20代の女性のライフスタイルに適合し，固定客を維持し，拡大してきた。

良品計画の取引先比率や資本関係も大きく変化した。設立当時は，セゾングループ内企業（西友・西武百貨店・ファミリーマートなど）との取引が中心であった。しかしその後，経営上も独立色を強めている。資本関係では，当初は西友が過半数の株式を保有していたが，1998年の株売却で持ち株比率は約20％になり，西友と良品計画の関係は親会社から関連会社へと変わった。

　良品計画が西友から分離された理由は，両社の事業基盤が違っていたためである。西友は，大規模なGMS（General Merchandising Store）型のスーパーを主力とする。一方，無印良品事業は，商品の卸売りと小規模店舗での販売が主である。そのため，西友の店舗運営や商品調達・物流・情報システムなどを利用して事業を行うことは，無印良品事業にとって必ずしも効率的ではなかった。

　加えて，西友の社内事業部としての存在では，事業体としての損益把握も不十分であった。当時はまだPOS（販売時点情報）システムが稼動しておらず，個々の商品別ではなく商品グループ別に売上などを集計していた。そのため，無印良品ブランドとしての全体の売上高がいくらなのかを把握できなかっただけでなく，商品別の開発コストを計算することもできなかった。

　さらに，無印良品の事業部門としての売上は，西友商品部全体の中でわずか3〜5％程度の比率を占めるに過ぎず，西友側から見れば，経営戦略上の重要度は低かった。したがって，積極的な事業展開を行いにくい状況にあった。

　以上のような理由から，良品計画は西友から独立し，独自の道を歩み始めたのである。2000年6月には，子会社としてインターネット販売の専門会社ムジ・ネット株式会社が設立された。ムジ・ネットは，無印良品ブランドだけでなく，他企業と提携して自動車や集合住宅などの商品も提供している。西友から独立した良品計画は品揃えの幅を広げ，ネット販売を含む多角的な事業展開を行っている。

◀ **参考文献・資料** ▶

妹尾大・阿久津聡・野中郁次郎編著『知識経営実践論』白桃書房，2001年。
良品計画ホームページ　http://ryohin-keikaku.jp/
無印良品ホームページ　http://www.muji.com/jp/

❹ プラス「アスクル」

　普段あまり意識しないことだが，企業では，家庭とは比較にならないぐらい大量の文房具を使用している。事実，一般の消費者が購入する文房具の売上は，市場全体の約25％にすぎない。では企業では，どのような方法で文房具を購入しているのだろうか。

　実は，大手企業の事業所には，文房具店から営業に来るのが普通である。ところが，全国に約600万件ある企業の事業所のうち，約95％は従業員30人未満の中小事業所である。とりわけ，従業員10人以下の事業所の場合は，文房具店から営業に来ることは少なく，一般の消費者と同様に店舗に買いに行っていた。

　こうした顧客にとっての不便さと潜在市場の規模の大きさをビジネス・チャンスととらえ，中小事業所をターゲットとして文房具の通信販売を始めたのがアスクル株式会社である。アスクルは文具メーカーであるプラス株式会社の1事業部として1993年にスタートし，2003年には売上1,000億円企業に成長した。

　1990年代初頭の文房具業界は，文具メーカーのトップ企業であるコクヨ株式会社が卸売業者を系列化していた。コクヨは，全国に約23,000店あった中小規模の文房具店に，自社製品を供給する強力な販売チャネルを構築していた。

　しかし1990年代に入ると，スーパーやコンビニ等との競争に敗れ，中小規模の文房具店の数が減少し始めた。大手文房具メーカーのコクヨによる流通系列化が，流通側の事情で川下から崩れ始めたのである。

　実は，この問題にコクヨ以上に危機感を抱いていたのが，プラスであった。プラスは，1990年に，当時の社長であった今泉嘉久氏を中心に，流通のあり方について話し合う「ブルースカイ委員会」を発足させた。そして，そこでの議論から「文具事業とオフィス・コンビニエンス事業を融合させ，消費者と直接取引する文房具の通信販売」という事業のアイデアが生まれたのである。

　アイデアから練り上げた事業コンセプトは，「今日頼めば明日来る」であった。このコンセプトにちなんで，事業名はアスクル（明日来る）と名づけられた。事業のリーダーには岩田彰一郎氏（後にアスクル社長）が着任し，1993年3月に首都圏，10月に関西でアスクル事業はスタートした。

　アスクルは文房具のカタログ通販事業で，一般消費者を対象とするB to C

(Business to Consumers) ではなく, 企業を対象とするB to B (Business to Business) の事業である。顧客となる企業がオフィスで必要なものをカタログで選び, ファックスやインターネットでアスクルに発注すると, 注文が大規模な情報センターで処理され, 遅くとも翌日までには配達される仕組みである。

　アスクルは, ターゲット顧客を従業員10人未満の中小事業所に絞り込んだ。中小事業所は文房具の購入も少なく, 地理的にも分散していて営業効率が悪い。そのため, 文房具店の法人向けの外商サービスが行き届いていなかった。アスクルは, そこに潜在するニーズに注目した。

　アスクルはまた, メーカーから直接顧客に商品を届けるダイレクト・モデルを構築した。しかも, アスクルが行ったのは単なるカタログ通販ではない。新たな取引先企業を開拓する営業の段階では, 地域の文房具店をパートナー（エージェント）として, 既存の店舗との共存共栄を図ったのである。

　パートナーとなった文房具店（エージェント）は, アスクルからカタログを購入し, 近くの事業所を営業して顧客を開拓する。そして与信管理・代金回収などの商流に関わる業務を担当し, アスクルからマージンを受け取るのである。

　エージェントは顧客開拓と決済関係に専念し（商流）, 在庫管理や注文処理（物流・情報流）はすべてアスクルが行う。つまり, 商流と, 物流・情報流との明確な機能分業がアスクルのダイレクト・モデルの特徴である。

　文房具店（エージェント）とのパートナーシップによって, 小規模事業所の顧客開拓もスムーズに進んだ。アスクルのエージェントとなった文房具店は1,500件を超え, そうしたエージェントの働きにより, 1993年にはわずか80件であった顧客企業も, ほぼ10年で200万事業所を超えるまでに増加したのである。

◀参考文献・資料▶
川上智子「今日頼めば明日来る：アスクル㈱のダイレクト・モデル」（石井淳蔵・大西潔編著『マーケティング・クリエイティブ』第3章, 碩学舎所収, 2005年, pp.49-61）。

❺ ファーストリテイリング「ユニクロ」

株式会社ファーストリテイリングを持ち株会社とし，株式会社ユニクロが展開するカジュアルウェアのチェーン店ユニクロ (Unique Clothing Warehouse) は，1984年6月に広島に第1号店を出店して以来，飛躍的な成長を遂げている。

ファーストリテイリングの前身である小郡商事は1949年3月に山口県で創業された。同社の代表である柳井正氏（2015年現在）が代表取締役に就任したのは，1984年のことである。

ユニクロのビジネスの最大の特徴は，商品企画・生産・物流・販売を一貫して行うSPA（製造小売業）方式にある。ユニクロは，あらゆる世代の男女をターゲットとし，単品を大量に生産・販売して価格を下げ，高品質のカジュアルウェアを低価格で提供している。

2014年現在，日本国内での出店数は850店舗を超え，売上は7,000億円を上回る。これは，世界の主な衣料品専門店の中で，第1位のTJXカンパニーズ（アメリカ），第2位のインディテックスZARA（スペイン），第3位のH&M（スウェーデン），以下，GAP（アメリカ）に次いで，第5位の業績である。

ユニクロがこれほどの急成長を遂げたのは，1998年11月の東京進出がきっかけであった。初の都心店である原宿店の開店と同時に，フリースのキャンペーンを行い，その年200万枚，翌年800万枚以上を売り上げ，ユニクロの名は日本中に知れわたったのである。原宿店周辺のポスターや電車の交通広告に書かれたのは，「ユニクロのフリース，1,900円」という，たった一行のキャッチコピーであった。それが，今日のユニクロにつながる最初の一歩だった。

ユニクロの事業コンセプトは「ハイクオリティカジュアル」である。商品の企画は東京原宿にあるデザインオフィスで，生産は中国他で行っている。2014年現在，同社はアジア諸国に70社の生産委託工場を有し，徹底した品質管理を直接行っている。現地では，繊維産業で30年以上の経験を持つ技術者集団「匠チーム」がサポートを行い，紡績，染色，縫製，出荷など，工場のあらゆる工程における技能を伝授する。商社に任せて製造するアパレル・メーカーや小売が多い中で，自社の企画商品を現地で厳しく管理しながら製造することが，高

品質と低価格の両立につながっているのである。

　ユニクロが力を注いでいるのは生産だけではない。販売のための店舗レベルでも標準化とマニュアル化を徹底させ，ムダを省いた倉庫型の店舗レイアウトを始め，接客方式，商品，価格等すべてを統一している。こうして，製造から販売までのすべての局面において，ハイクオリティカジュアルのコンセプトを一貫させているのである。

　さらにユニクロは，近年「ヒートテック」というインナーの戦略商品に力を入れてきた。ヒートテックは，身体から発せられた水蒸気を吸着し，発熱する繊維を素材としたもので，2003年に最初のシリーズを発売して以来，抗菌性や伸縮性，保湿性などを改良しながら，売上を伸ばしてきた。2006年には，素材メーカーである東レ株式会社と戦略的提携を結び，サプライチェーンを生産・販売段階だけでなく，川上の素材段階まで拡張している。

　ジャパンテクノロジー・ウェアと同社が称するヒートテックは，2007年に2,000万枚を販売し，なお日本でのブームは続いている。さらにユニクロは，ヒートテックを世界戦略の商品と位置づけ，2008年にはアメリカ，イギリス，フランス，韓国，中国，香港での販売を始めた。2013年には全世界に約1,300店舗を展開し，売上は2,000億円を超えた。

　原宿店の開店以来，同社が培ってきた素材段階から販売段階までの一貫した開発体制による強みとノウハウが，グローバルな市場での展開に活かされている。

◀参考文献・資料▶
小川進『ディマンド・チェーン経営―流通業の新ビジネスモデル』日本経済新聞社，2000年。
『週刊ダイヤモンド』2000年6月10日号，pp.32-34。
株式会社ファーストリテイリングホームページ　http://www.uniqlo.com/jp/
同プレスリリース他

❻ パーク24「タイムズ24」

　パーク24株式会社は，主に都心の遊休土地に「パークロックシステム」という無人管理機器を設置し，10分もしくは15分単位で駐車スペースの時間貸しを行う「タイムズ24」を全国的に展開している。

　創業当時，社長であった西川清氏は，店舗や事務所の前に置く駐車禁止の看板などを販売していた。その時，今まで見たことのない機械と出会うことになる。それは，車両の固定から料金徴収までを無人で管理することができる「パークロックシステム」であった。これを見た瞬間，西川氏はビジネスの可能性を直感した。そして，この商品のメーカーと販売代理店契約を結んだという。

　西川氏は，パークロックシステムの販売先として都内の病院を選んだ。それは，西川社長が通院していた時に，病院で駐車に苦労した経験があったためである。当時の病院の駐車場は無料で開放していたために，関係者以外の人々が無断で駐車することができた。そのため，本当に必要な患者が駐車できないという問題が頻繁に起こっていたのである。

　パーク24はそうした問題を抱える病院に「パークロックシステム」を販売し，駐車場を有料化した。その反響は大きく，新たに駐車料金を支払うことになったにもかかわらず，顧客から感謝されることになる。この時同社は，駐車の必要に迫られている人は，たとえ有料でも確実に駐車できるという安心感に価値を見出すことに気づいたという。

　こうしてビジネスの焦点は定まったが，ターゲット顧客として病院やホテルだけでは経営が安定しなかった。そこでパーク24は，都心部での駐車ビジネスの展開方法を探っていく。

　当時，駐車場ビジネスといえば，月極めの駐車場が主流だった。月極めで契約してしまえば，何ヶ月も安定的に長期契約を行うことを意味するため，当分は顧客獲得に頭を悩ませることはない。しかし一方で，月極め契約は長期的に同じ場所に駐車をする通勤者や店主などに顧客が限られていたため，市場拡大は見込めなかった。

　そこでパーク24は，短期的に駐車場を利用するニーズに注目した。たとえば，

工事関係者の職人や作業者は，月極めで契約するほど１つの現場で長期に仕事をすることはない。営業担当者は，取引先を訪問するといっても短時間にすぎない。買い物をするために車を利用する主婦も，駐車するのは短時間である。こうした人々には駐車したいというニーズはあるものの，月極め契約するほど長期間の駐車ではない。そのため，やむを得ず路上駐車などを行っていた。

　ところがこの頃，違法駐車の反則金が値上りした。そのため，たとえ有料であっても，高額な反則金を払うリスクに比べれば，その方がいいと考える顧客が増えることが予想された。こうした追い風の中，パーク24は短期的な駐車ニーズに応えるべく，10分単位，15分単位で割安の価格設定を行って，駐車場ビジネスを展開したのである。

　もちろん，月極めではない以上，稼働率の低下というリスクも存在する。これに関しては，立地の調査を入念に行い，採算の合う立地条件や稼働率の条件を割り出すためにデータベース化を進めて，優良な土地を見分けるようにした。

　優良な駐車スペースを確保するには，良い立地の土地を入手しなければならない。バブル崩壊後，不動産開発が凍結され，地価が下落した。中でも，オフィスなどに展開できないような狭いスペースは，土地活用が困難を極めていた。

　しかし，パーク24であれば，狭いスペースでも駐車場として利用することができた。なぜなら，車１台分のスペースさえあれば，無人管理機のパークロックシステムやタイムズの看板などを設置するだけで，駐車場にできたからである。

　タイムズのほとんどの駐車場の面積は30～40坪で，４～７台の駐車スペースしかない。その分，撤去も容易で，一時的な土地活用を求める土地所有者には活用しやすい。こうしてタイムズ24のビジネスは急成長を遂げたのである。

◀参考文献・資料▶

『日経ビジネス』1994年11月７日号，p.13。
『週刊ダイヤモンド』1997年５月17日号，pp.88-89。
『日経ベンチャー』2001年５月号。
『日経ビジネス』2003年６月30日号。
黒岩健一郎「プロダクト小口化型仕組み革新―パーク24の駐車場事業」（嶋口充輝編『仕組み革新の時代』有斐閣所収，2004年，pp.111-133）。

10－3 ● 新製品開発に関するミニケース

❶ カルビー「1才からのかっぱえびせん」

　カルビー株式会社は1949年に広島で設立された会社である。社名の「カル」はカルシウム，「ビー」はビタミンB1を組み合わせた造語で，健康に役立つ商品作りをするという目標を社名が象徴している。

　同社のロングセラー商品であるスナック菓子の「かっぱえびせん」は，1964年の1月に発売された。「かっぱ」という言葉がついているのは，1955年に発売された「かっぱあられ」を前身としているためである。かっぱあられは，日本で初めて，米ではなく小麦粉であられを作ったことで知られる商品である。その9年後，あられの生地に生エビを練りこんで誕生したのが「かっぱえびせん」である。1969年には「やめられない，とまらない」という語呂の良いキャッチフレーズのテレビCMが放映され，かっぱえびせんは大ヒットした。

　かっぱえびせんでは，大量生産のための製法が確立されており，最後の味付けの工程で味付けを変えることによって，製品のバリエーションが作られる。この工程上の特徴を活かして，かっぱえびせんでは，発売以来，主として味の展開によって製品ラインを拡張しながら成長を続けてきた。

　しかし市場が成熟してくると，味の展開による製品ラインの拡張だけでは，なかなか成長を見込めなくなってきた。そこで同社は，新たに年齢によってセグメンテーションを行い，1才以上の幼児にターゲット顧客を定めた。こうして開発されたのが「1才からのかっぱえびせん」である。

　製品化にあたり，「かっぱえびせん」担当のブランド・マネジャーは，まず2000年に消費者を対象とした市場調査を行った。その結果，かっぱえびせんは，あらゆる年代の人に好まれるオールラウンドな商品であるとわかった。

　さらに注意深く調査結果を見ていくと，その中でも最もよく購入しているのは30代の母親であることが明らかになった。30代の母親といえば，初代かっぱえびせんが発売された頃に子どもだった世代である。つまり，自分が食べていたものを，今，母親になって自分の子に与えるという消費行動が，このデータ

から読み取れたのである。

　次に，30代の母親を対象にさらに詳しく調査をしてみると，かっぱえびせんは薄味でカルシウムも豊富なので子どもにあげたいという声がある一方で，塩や油が気になって，塩をティッシュなどで拭いたりして子どもに与えているという消費者の生の声が聞かれた。

　こうした市場調査の情報を基に，ブランド・マネジャーは，幼児をターゲットとして新製品を開発しようと考え始めた。幼児対象ということで彼が注目したのは，ベビーフード市場である。しかし，ベビーフード市場ではキューピー株式会社や和光堂株式会社などの強力な競合企業がすでに先行しており，後発での参入は明らかに不利であった。

　一方，ブランド・マネジャーは，次のようなことにも気づいた。1才までの赤ちゃんには，ベビーフードも充実している。ところが1才を過ぎると，母親が安心して子どもに与えることのできる，おやつの種類が極端に減る。その中で，かっぱえびせんは，カルシウムが豊富で，甘味がないため虫歯にもなりにくい。1才を超えた子どもを狙うという「1才からの」という製品コンセプトは，こうして生まれた。

　2002年4月に開発が開始された「1才からのかっぱえびせん」の製品コンセプトは「塩分1／2，無添加の幼児向けかっぱえびせん」である。その特徴を見ていくと，まず製品形態は，携帯に便利なミニ4と呼ばれる10g入り4袋のセットとなっている。えびせんのサイズも子どもの口に合わせて約半分にし，食べやすさに配慮している。さらに，栄養価を上げるためにエビの量は倍増しつつ，塩分は半分，油も減らし，ヘルシーさを強調したものとなっている。

　こうして開発開始からほぼ1年後の2003年3月，1才からのかっぱえびせんは，中国・四国地方でのテスト販売を皮切りに，同年10月に一部の地域での販売をスタートさせ，2004年3月には全国販売が始まったのである。

◀ **参考文献・資料** ▶

川上智子「製品のマネジメント」（石井淳蔵・廣田章光『1からのマーケティング第3版』碩学舎所収，2008年，pp.79-95)。

❷ アサヒビール「スーパードライ」

アサヒビール株式会社の前身は1889年に設立された大阪麦酒会社である。その2年後の1891年には，同社初の工場として現在の吹田工場（大阪府）が竣工し，1892年には初の「アサヒビール」が発売されている。

アサヒビール株式会社としての設立は戦後の1949年であり，2013年現在，酒類事業だけで約9,300億円の規模を誇る。同社が1987年に「アサヒスーパードライ」を発売した当時は，売上高は約5,500億円であった。その後，売上が1兆円を超えたのは1998年のことである。つまり，アサヒスーパードライの大ヒットは，同社の売上をわずか10年間で約2倍に押し上げたといえる。

アサヒスーパードライが発売された当時，業界では，顧客にはビールの味がわからないと信じられていた。それに対してアサヒビールでは，2つの仮説を立てたという。1つは，顧客にはビールの味がわかるという仮説，そしてもう1つは，顧客の選好は時代と共に変わるという仮説であった。

これらの仮説を検証するため，アサヒビールは東京と大阪で計2回ずつ，トータルで5,000人の消費者を対象に市場調査を実施した。その結果，辛口の生ビールへのニーズをつかみ，辛口をドライという言葉で表現したアサヒスーパードライが開発されることになる。味の決め手となったのは，同社で管理している数百個の酵母の中から選ばれた「アサヒ318号酵母」であった。

1987年3月17日に発売されたアサヒスーパードライは，ビール業界に大きなインパクトを与え，ドライ戦争を引き起こした。多くのビールが次々と登場しては姿を消していった中で，スーパードライが成長し続けられたのは，広告や宣伝で徹底的に消費者にドライのブランドイメージを植え付けたためである。

まず，発売当初は，従来のビールとの味の違いを訴求した。「飲むほどにDRY，辛口の生」「洗練されたクリアな味　辛口」。こうしたキャッチコピーを利用した広告を大々的に展開し，辛口という商品特性を消費者に浸透させたのである。テレビCMには有名タレントをあえて出演させず，ジャーナリストの落合信彦氏を起用した。一方，新聞・雑誌広告では，酵母の違いを文章で丁寧に説明するなど，常識破りの仕掛けを行い続けた。

当時はまだ一般的ではなかった店頭や街頭での試飲会も各地で実施した。東

京で丸一日かけても，試飲してもらえるのはせいぜい2万人である。同社は，最大のターゲット顧客は，おいしそうに試飲している人を見る通りがかりの人たちだと考え，試飲する人だけではなく見物人への広告効果を狙った。

こうして「味の違い」を顧客に浸透させることによって，スーパードライの市場導入は成功を収めた。しかし発売から4年後の1991年になると，早くも出荷数量は前年割れし，さらに翌年にも同様の傾向が見られた。これには，キリンビールが前年の1990年に「一番搾り」を発売したことも影響していた。

こうした状況の中，アサヒビールは，1993年に新しい戦略を打ち出した。辛口の次のキーワードとして「鮮度」という言葉を掲げたのである。最大のライバルであるキリンビールのラガーに勝つには，熱処理をしているラガーと生ビールのスーパードライという対決が必要であった。

そこでアサヒビールは，生というイメージに近い「鮮度」という言葉を採用し，当時の瀬戸雄三社長のトップダウンで，全社的な鮮度向上活動である「フレッシュマネジメント活動」を展開したのである。1993年には，鮮度を訴求する新聞広告も掲載した。1997年には一連の活動を「トータル・フレッシュマネジメント」へと発展させている。

同時に，スーパードライの鮮度を訴えるテレビCMもスタートした。その中では，製造から工場出荷までの期間を5日間に短縮することや，営業スタッフが店頭の製品の製造日をチェックする姿が紹介されていた。

こうした取り組みを積み重ねた結果，1998年，アサヒビールはキリンビールを抜き，実に45年ぶりにビール市場でシェアトップに立った。トータル・フレッシュマネジメントの成果としても，2004年に製造から工場出荷まで3日台を達成している。スーパードライは，アサヒを大きく飛躍させたのである。

◀参考文献・資料▶
『日経ビジネス』1999年10月4日号，pp.110-114。
アサヒビール株式会社ホームページ　http://www.asahibeer.co.jp/

❸ キリンビバレッジ「直火珈琲キリンファイア」

　一般に飲料業界では，販売量が1,000万ケースを超えると大ヒットといわれる。2000年代初頭，1年に発売される約1,000種類以上の新製品のうち1,000万ケースに到達するものは3つほどしかなく，新製品の成功確率は「千三つ」と言われていた。

　そうした激しい市場競争の中，キリンビバレッジ株式会社（以下，キリン）は1999年発売の「ファイア（FIRE）」を皮切りに，2000年に「生茶」，2001年に「聞茶」，そして2002年には「アミノサプリ」と，4年連続でヒット商品を世に送り出した。これらの製品を開発した当時のプロジェクト・リーダーは佐藤章氏である。1997年6月以来，佐藤氏は主力製品の開発に一貫して携わってきた。

　ファイアの誕生以前，キリンの主力商品としては「午後の紅茶」（1986年発売）があった。一般に清涼飲料の中でもコーヒー，茶系飲料，炭酸飲料は利益率が高いとされている。この3商品カテゴリーのうち，缶コーヒーは，ファイア以前に販売していた「JIVE（ジャイブ）」がシェア8位であった。

　当時の缶コーヒー市場には日本コカ・コーラのGEORGIA（ジョージア），サントリーのBOSS（ボス）など強力なライバルが存在し，JIVEは劣勢にあった。そこで阿部洋己社長（当時）は，10年ぶりに缶コーヒーのブランドを刷新する決断をしたのである。

　缶コーヒー市場は，顧客全体の15％の人の消費量が消費量全体の7割を占めるという，消費量の多い顧客に支えられた市場である。ターゲット顧客は，20代後半から30代前半の男性で，肉体労働か外回り営業に従事する人が多い。キリンはこの顧客層を獲得すべく，レギュラーコーヒーの味わいを追求した新しい缶コーヒーの開発を進めた。

　当時，缶コーヒー市場で大きなシェアを持っていた競合製品は，多くが1980年代後半のバブル経済期に発売されたもので，ストレス社会の中で「ほっ」と癒してくれるコンセプトのものばかりだった。それに対して，開発リーダーの佐藤氏がファイアのコンセプトを作る際に一番強く意識したのは，不況の中で前向きな気持ちになれる心の灯のような商品にするということだった。そのイ

メージを，ファイアの開発チームは「心に火を灯す」というメッセージに集約させた。

ファイアの開発は困難の連続だった。まず，ファイアの缶の色はスチールをそのまま生かしたシルバーで，表面に炎の形のエンボス加工がされていた。このデザインが，ブリキの石油缶のようでコーヒーに見えない，エンボス加工はコストがアップすると反対されたのである。

ファイアという名前にもストップがかかった。缶コーヒーは，ジョージア，ワンダ，ボス，ジャイブがそうであるように，濁音のついた名前の方がインパクトもあり，男らしくてよいと考えられていたためである。

こうした社内での反対に対して，開発リーダーの佐藤氏は，ファイアの製品コンセプトやパッケージデザインに対する消費者の反応を市場調査で確認し，顧客が深層心理で求めるものを引き出して，粘り強く企画提案を続けていった。その結果，ついにファイアの開発が認められた。

ファイアの開発は，縦割り組織ではなく，部門やメーカーの垣根を越えたチームで進められた。中身，資材，営業，広告などの担当者が佐藤氏と共に議論しながら，さまざまな課題をその都度解決していったのである。

たとえば，大量生産の場合，コーヒー豆は通常は熱風で煎る。しかしファイアでは，直火焙煎を実現するために，製造設備を改造した。ジッポーライターのような缶のエンボス加工は，缶メーカーの協力で可能となった。さらに，一貫してCMソングの制作を断り続けていたスティービー・ワンダーにも「日本人の心に火を灯すような，勇気を与えるような曲を書いてほしい」と手紙を書き，時間をかけて口説き落とした。

こうして，佐藤氏のリーダーシップの下，専門分野の異なるメンバーが力を結集させて発売したファイアは，1,000万ケースを超える売上を上げ，成功を収めたのである。

◀ **参考文献・資料** ▶

『日経ビジネス』2003年1月13日号，pp.46-47。

❹ 日立製作所「野菜中心蔵」

日本で初めて電気冷蔵庫が生産されたのは1930（昭和5）年である。その後，1950年代に冷蔵庫市場に参入する企業が増加した。1950年代まで世帯普及率は10%未満だったが，60年代に一気に普及し，70年代には90%に達している。

日本の冷蔵庫市場では，大手家電メーカー各社から毎年新製品が発売され，熾烈な市場競争が展開されている。これは世界的に見ても珍しい現象である。

競争激化による製品差別化の必要性，食品の鮮度を重視する食生活の習慣，省スペースを志向する住宅事情といった独自の文化的・社会的要因により，日本の冷蔵庫は，多様な温度帯を揃え，ドア数を増やし，各室のレイアウトや使い勝手を重視する独自の方向へと進化してきたのである。

最も初期の冷蔵庫は冷蔵室のみの1ドアタイプであった。その後，フリーザーが加わり，70年代後半になると，野菜室を独立させた3ドアタイプが登場した。80年代には，冷蔵室とフリーザーの中間の温度帯に当たる特定低温室（チルド，パーシャル，氷温等）が独立し，冷蔵庫の標準は4ドアタイプとなる。

90年代に入ると，1991年に株式会社東芝が「引き出す冷凍」を発売した。これは，それまでの主流がフリーザーが最上段にあるトップ・フリーザータイプであったのに対し，中段に引き出しタイプのフリーザーを配置した製品だった。

この東芝の「引き出す冷凍」に対抗する形で発売されたのが，株式会社日立製作所が1996年1月に発売した「野菜中心蔵」である。「野菜中心蔵」は，東芝が先行した「冷蔵室・フリーザー・野菜室」のレイアウトを「冷蔵室・野菜室・フリーザー」の順に変え，野菜室が中段にあるミッド・ベジタブルタイプの先鞭をつけた。

「野菜中心蔵」の開発に際して，日立の開発メンバーは，まず3ドアタイプの冷蔵庫の顧客を対象としたアンケート調査やインタビュー調査などを参考にした。それらの調査では，「野菜が取り出しにくい」「野菜がつぶれる」「腰をかがめて不自然な姿勢で使っている」といった不満が挙げられていた。

そうした検討の中から，開発メンバーから野菜室を中段に配置するというアイデアが出てきた。しかし，当時の市場には野菜室中段という発想はなく，成

功するかどうかが判断できなかった。そこで開発メンバーは，商品企画部・技術部・デザイン部の合同で，あらためて独自の市場調査を実施した。

　実施された調査は，観察法によるものだった。まず，ビデオカメラで冷蔵庫の使われ方を撮影する。そして，その映像を見ながら，冷蔵庫の扉の開閉回数，各室の使用頻度，使い勝手などを観察するのである。

　一般家庭での長時間にわたる撮影ということで，消費者の協力を得るのは難しかったが，何とか30世帯の協力を得て，1993年の春と夏に撮影が行われた。撮影後，開発メンバーは膨大な動画を見て議論を重ねた。その結果，主婦の1日の開閉頻度は冷蔵室が最多で平均35回，野菜室12回，フリーザー上段5回・下段2回だとわかった。この結果から「主婦の使い勝手を考えて，使用頻度の高い順に上から冷蔵室，野菜室，フリーザーの順で配置した冷蔵庫」という製品のコンセプトが生まれたのである。

　その後，開発は順調に進むかと思われたが，技術者たちは，単にレイアウトを変更しただけだと反対した。それに対して開発リーダーの商品企画部長は，新しい技術を用いた付加機能が増えるよりも，冷蔵庫という製品に新しい価値を付け加えることが大事であると説得した。同時に，開発メンバーの心を一つにするために，さまざまな工夫を行っていった。

　たとえば，野菜中心蔵の開発中の呼び名（コードネーム）はMVPと決まった。これは野菜室が真ん中という意味のミッド・ベジタブル・プレイス（Mid Vegetable Place）と，野球のMVP（Most Valuable Player）を掛けたネーミングである。皆で一緒に冷蔵庫市場のMVPを目指そうと呼びかける意図があった。

　野菜中心蔵は，「忠臣蔵」の赤穂浪士討ち入りの日にちなみ，1995年12月14日に発表された。その話題性に加え，消費者モニター・キャンペーンも実施したことから，野菜中心蔵の認知率は発売後すぐに50％を超えた。最終的に，発売した年には150万台を売り上げ，業界のヒット商品となったのである。

◀参考文献・資料▶

川上智子『顧客志向の新製品開発―マーケティングと技術のインタフェイス』（第4章）有斐閣所収，2005年，pp.110-128．

❺ TOTO「魔法びん浴槽」

　TOTO株式会社は，1917（大正6）年に創立された伝統ある企業である。トイレ，ユニットバス，システムキッチン，水栓器具，洗面化粧台など，建築用設備機器の製造・販売を主な事業領域としている。福岡県北九州市の小倉に本社を置き，ローカルな拠点でグローバルなビジネスを行っている企業である。

　TOTOは，これまでにもさまざまなイノベーションを起こしてきた。たとえば，温水洗浄便座「ウォシュレット」（1980年）は2005年に出荷台数2,000万台を突破した。1985年に発売した洗髪洗面化粧台「シャンプードレッサー」は朝シャンブームを生み出した。そして，1993年に発売した「ネオレストシリーズ」は，100万分の1ミリ（ナノ）レベルで陶器の凹凸をツルツルに加工した汚れにくい便器，渦巻き水流で節水と洗浄力を両立させたトルネード洗浄機能など，特徴のある仕様で，顧客の便益を向上させている。

　そのTOTOが2004年8月に発売した戸建住宅用システムバスルーム「フローピア『魔法びん浴槽』シリーズ」は，その名の通り，魔法びんのようにお湯が冷めにくい浴槽である。浴槽には従来品をそのまま使い，新たに二重断熱構造を採用した点に特徴がある。

　「冷めにくいお風呂がほしい」という声は，消費者調査をするたびに上位に上がっていた。しかし，温度の維持は給湯機によって行うのが業界の常識で，風呂のお湯を浴槽で保温するといった発想そのものがシステムバス業界にはなかった。

　2002年の夏，ある開発者が発泡スチロールで作った新型浴槽のモックアップ（試作品）に何気なく入ってみた。すると彼は，浴槽の中が暑いことに気づいた。これが，断熱性に優れた発泡スチロールの特性を利用して保温するという，魔法びん浴槽の実現につながるアイデアとなる。

　一般に風呂の温度は38〜42℃が快適とされる。小学生の子ども2人がいる4人家族の場合，父親の帰宅が遅くなると，風呂を使う時間が6時間に及ぶことがある。42℃で沸かした風呂は，6時間後には7℃以上も下がるのが普通であった。そこで，この温度低下を2℃以内に抑えることが開発の目標値となった。

断熱性に優れているとはいえ，強度などの関係で，発泡スチロール自体を浴槽として使うことはできない。そこで，発泡スチロールは浴槽を包む断熱材として採用することになった。しかし，これだけでは2℃以内という目標の達成は難しかった。

そこで次に，床から冷気が入り込んでくることに注目し，床部材の改善が検討された。床部材には従来，強化プラスチックが使われていた。それを断熱性が高い発泡スチロールに切り替えてはどうかというアイデアが出されたのである。しかし，発泡スチロールではやはり強度が足りなかった。

この問題を解決する手がかりは偶然得られた。開発者の一人が子供と公園で遊んでいた時に，ラジコン飛行機の素材が発泡ポリプロピレンであることに気づいたのである。それがヒントとなって，断熱性が高く，かつ強度も保てる素材が見つかり，開発が進んだ。

発売の半年前に技術開発は無事終了したが，市場導入の段階になって難問が生じた。それは，ネーミングの問題である。TOTOは，イメージがストレートに伝わる「魔法びん」という表現で発売しようと考えていた。幸い商標登録はうまく行ったが，ある魔法びんメーカーから「魔法びんは真空の二重断熱構造になっているものを指すため，品質面で誤認を招く」と指摘されたのである。

そのとき，TOTOバスクリエイトの社長（当時）は「先方の了承がない限り，勝手に使ってはいけない。商売よりも大切なものがある」と毅然とした態度を取った。そして，開発メンバーが魔法びんメーカーに赴き，経営陣に対して，魔法びん浴槽の商品内容を説明した。決して品質面で「魔法びん」のイメージを損なうものではないことを伝えたのである。その結果，魔法びんメーカーから「TOTOさんは良いものを作られた。魔法びんという名を使っても構いません」というコメントを得た。

2004年8月，「フローピア『魔法びん浴槽』シリーズ」は発売され，計画の3倍を売り上げ，省エネ大賞「経済産業大臣賞」を受賞したのである。

◀参考文献・資料▶
『日経エコロジー』2005年5月号，pp.86-87。
TOTO株式会社ホームページ　http://www.toto.co.jp/

❻ 花王「ヘルシア緑茶」

　花王株式会社が2003年に発売した「ヘルシア緑茶」は，発売わずか4ヶ月で売上60億円を超えるヒット商品となった。ヘルシア緑茶は，体脂肪の燃焼効果を持つカテキンを高濃度に含有し，うま味と苦味のバランスを工夫した健康に良い飲料であるという点を一貫して訴求してきた。また，350mlの容量で180円（税別）という価格設定で，高価格帯の緑茶市場を開拓した商品でもある。

　ヘルシア緑茶の開発がスタートしたのは発売3年前の2000年のことである。開発チームは100種類以上の素材を検討し，通常のお茶の3～4倍のカテキンを入れれば，体脂肪に影響があることを発見した。そこで，申請以来2年以上の年月を費やし，ヒト効能効果試験には600人以上の協力を得て，厚生労働省から「特定保健用商品（トクホ）」の表示許可を得たのである。

　「体脂肪を燃焼し，健康によい」という製品コンセプトのヘルシア緑茶の主要なターゲット顧客として想定されていたのは，中高年の男性である。通常，顧客に健康の価値を訴えるときには，たとえ製品の使用者が中高年の父親や子どもであっても，主婦を対象とすることが多い。それは，多くの場合，家族の健康を考えながら実際に購買しているのは主婦だからである。

　しかし，ヘルシア緑茶の場合は，中高年の男性に自分で手にとって買ってもらえるような戦略上の工夫を行った。なぜなら，カテキンの効果を実感するには，1日1本継続的に飲んでもらう必要があったからである。主婦による代理購買ではなく，ターゲットとなる中高年の男性自身が毎日購入してくれるような習慣化を図ることが，ヘルシア緑茶を成功させる鍵であった。

　一般に中高年は，いろいろな広告媒体と接することは少なく，必ずしも情報感度が高いとはいえない。そうした，どちらかといえば保守的な中高年男性に対して購買の習慣化を狙っていく上では，マーケティング活動の中でも，とりわけ流通戦略が重要となる。

　そこで花王は，流通段階における独自の販売戦略を実施した。ヘルシア緑茶は，発売当初からコンビニエンスストア（以下，コンビニ）のみに販売先を限定したのである。なぜなら，中高年の男性はスーパーなどよりも，コンビニを頻繁に利用することがわかっていたためである。当時のデータでは，コンビニ

の利用状況は全体の6割が男性で,年齢構成では30歳以上が過半数を占めていた。

　スーパーを選ばなかったことにも理由があった。スーパーは大量販売が行えるが,一方で価格競争が激しく,値引きの対象となってしまう。そうなると,飲料で180円という高価格帯を維持することができず,値崩れをおこす心配があった。それゆえ,ヘルシア緑茶では,コンビニに販売先を絞ったのである。

　コンビニに販売先を限定したことは,いくつかのメリットをもたらした。まず第1に,コンビニ側から積極的な販売支援を得ることができた。通常,コンビニでは,売れ筋商品を求めて製品の入れ替えが頻繁に行われるため,その陳列棚(シェルフ・スペース)に自社の製品を置き続けることはもちろん,新製品を陳列してもらうことさえ難しい。

　しかしヘルシア緑茶は,販路をコンビニに限定し,スーパー等の他の業態では販売されていないという利点をコンビニ側に与えたため,それによって花王は,まったく初めての商品にもかかわらず,コンビニから大量の陳列棚の提供を受けることができたのである。

　さらに,大量の陳列は,ヘルシア緑茶の販売機会を確保するという以上の効果を生むことになった。大量陳列の結果,製品の認知度も向上したのである。通常,製品の認知度は,テレビCMなどの広告媒体を通じて向上することが多い。しかし,ヘルシア緑茶の認知度を媒体別で測定したところ,テレビCMでその存在を知ったのは3割に過ぎず,店頭で知った人々が6割にまで上った。

　このように,ヘルシア緑茶は,販路をコンビニエンスストアのみに絞った結果,販売機会を確保し,製品の認知度も向上させることができたのである。

◀参考文献・資料▶
栗木契・余田拓郎・清水信年『売れる仕掛けはこうしてつくる』日本経済新聞社,2006年。
『日経ビジネス』2003年12月15日号,pp.40-41。
『日経バイオビジネス』2004年2月号,pp.16-17。
花王株式会社ヘルシアホームページ　http://www.kao.co.jp/healthya/

❼ P&G「ファブリーズ」

　ファブリーズは，1999年に全国発売されたP&Gファー・イースト（現P&Gジャパン株式会社）の消臭スプレーである。タバコの煙やペットの臭いなど，嫌な臭いが染み付きやすい布製品の消臭ができる。スプレー式のため用途は広く，衣類や靴やカーテンや車のシートまで幅広く使用することができる。今では，ファブリーズは消臭の代名詞となっている。

　ファブリーズの製品コンセプトは，衣料用の消臭スプレーではなく，「手軽に布の臭いを取り，部屋の消臭にも役立つスプレー」である。このようにコンセプトを定めた結果，衣料用スプレーの市場規模だけでは2～3億円程度であるのに対して，室内芳香剤・消臭剤市場の2つを合わせ，100億円規模の市場が見込めることになった。

　実は，ファブリーズが登場する以前から，布製品の臭いを取り除きたいというニーズは存在していた。また，衣料用の消臭スプレーも実際に製品化されていた。しかし多くの人々は，消臭はスプレーでできるものではなく，付着した臭いは洗濯やクリーニングで洗浄して初めて落ちるものと考えていた。

　それに対してファブリーズは，テレビCMを中心に，部屋に臭いがあるということ，その臭いがスプレーで吹き付けるだけで簡単に消臭できるということを集中的に訴求したのである。

　ターゲット顧客も，従来の衣料用スプレーや室内芳香剤・消臭剤で想定されていた主婦から変更された。ファブリーズは，スプレー式で持ち運びできて簡単に消臭ができるため，主婦だけでなく，夫や子どももターゲット顧客として含まれることになったのである。

　P&Gは，実際に購買する主婦が，夫や子どもからファブリーズを買って欲しいと言われるような状況を作り出したいと考えていた。その鍵を握っていたのは，プロモーション戦略である。

　衣料用スプレーと室内芳香剤・消臭剤の両方の機能を兼ね備えているファブリーズは，メリットが多く見える一方で，逆に焦点が曖昧になり，訴求したい顧客にきちんと便益（ベネフィット）を伝えられない可能性があった。そのため，衣料用スプレーと芳香剤・消臭剤という2つの特徴を消費者にわかりやす

く訴求することが必要であった。

　こうした問題意識から，ファブリーズのテレビCMなどでは，「部屋の臭いのもとは布である」「布の臭いを取れば，部屋の臭いが取れる」といった形で，布と部屋の関係を伝えるキャッチコピーが繰り返し流されることになる。また，夫が来客に備えて玄関のカーペットに吹き付けるシーン，子どもが自分のグローブの臭いを取るために吹き付けるシーンなどを流し，ターゲット顧客層が主婦だけではないことも同時に伝えていった。

　こうして，テレビCMを通じて消費者に訴求する一方で，P&Gは，ファブリーズを実際に体験してもらうためのキャンペーンも行った。なぜなら，ファブリーズで新たにターゲットとした夫や子どもは，普段，掃除をあまり行わないため，商品の効果を体験してもらうことが必要だったためである。

　そこでP&Gでは，ファブリーズを無料配布するサンプリング・キャンペーンを実施した。それが「ホッカイドー・キャンペーン」である。

　「ホッカイドー・キャンペーン」では，北海道の学校を訪れ，運動部やスキー場の更衣室などにファブリーズを無料配布した。あるいは，バレーボールや剣道，オートバイの大会などで商品を提供し，選手の服や防具，ヘルメットなどに吹きつけて，消臭の効果を実感してもらうこともあった。その結果，キャンペーン開始3ヶ月でファブリーズの売上は約6割も伸びることになる。

　このように，複数の市場を取り込んだ製品コンセプトの設定と，そのコンセプトを明確に訴求したプロモーション戦略によって，ファブリーズは2009年には年間100億円以上を稼ぎ出す商品となっていったのである。

◀参考文献・資料▶
栗木契・余田拓郎・清水信年『売れる仕掛けはこうしてつくる』日本経済新聞社，2006年。
『日経ビジネス』2000年12月15日号，pp.34-37。
『日経流通新聞』1999年7月13日付「ファブリーズ」。

終　章

ビジネスの基礎力とは

1 ●ビジネスの基礎力としての社会人基礎力

　日本は天然資源に乏しい国であるため，人材を有効活用することの重要性がますます高まってきています。また，本格的な少子高齢化社会に突入し，労働人口が減少していくことが問題となり，それを解決するための方策の1つとして，一人ひとりの労働生産性を向上させることが求められています。

　日本経済を担う人材の確保・育成の観点からみて，日本社会がこの問題を解決することなく激動の21世紀を乗り切ることは，困難だといえるでしょう。

　2006年10月に経済産業省は企業が職場で求める能力（社会人基礎力）に関して，企業人事部に対するアンケート調査を実施しました。この調査結果で，ほとんどの企業が採用や人材育成に「社会人基礎力」を重視していることが明らかになりました。そこで本章では，社会人基礎力をビジネスの基礎力と考え，詳しく紹介していきます。

　経済産業省の定義によると，社会人基礎力とは，「職場や地域社会の中で多様な人々とともに仕事を行っていく上で必要な基礎的な能力[1]」とされています。社会人基礎力は要因別に3つの要素から構成されています（表1参照）。

　それぞれ，「前に踏み出す力（アクション）」「考え抜く力（シンキング）」および「チームで働く力（チームワーク）」の3つの能力で，さらに12の要素に分類されます。

　前に踏み出す力（アクション）は「主体性」「働きかけ力」および「実行力」

の3要素です。

考え抜く力（シンキング）は「課題発見力」「計画力」および「創造力」の3要素です。

チームで働く力（チームワーク）は「発信力」「傾聴力」「柔軟性」「情況把握力」「規律性」および「ストレスコントロール力」の6要素の合計12要素です。

以下，ビジネスプラン作成に求められるスキルが，社会人基礎力育成とどのように関連付けされるのかを具体的に見ていきます。

表1　社会人基礎力の3つの能力・12の要素

分類	能力要素	内容
前に踏み出す力（アクション）	主体性	物事に進んで取り組む力
	働きかけ力	他人に働きかけ巻き込む力
	実行力	目的を設定し確実に行動する力
考え抜く力（シンキング）	課題発見力	現状を分析し目的や課題を明らかにする力
	計画力	課題の解決に向けたプロセスを明らかにし準備する力
	創造力	新しい価値を生み出す力
チームで働く力（チームワーク）	発信力	自分の意見をわかりやすく伝える力
	傾聴力	相手の意見を丁寧に聴く力
	柔軟性	意見の違いや立場の違いを理解する力
	情況把握力	自分と周囲の人々と物事との関係性を理解する力
	規律性	社会のルールや人との約束を守る力
	ストレスコントロール力	ストレスの発生源に対応する力

出所）経済産業省『「社会人基礎力」育成のススメ〜社会人基礎力育成プログラムの普及を目指して〜』2007年，p.2．

2 ● 前に踏み出す力（アクション）の育成

　前に踏み出す力（アクション）とは，「一歩前に踏み出して，仮に失敗したとしても粘り強く，あきらめることなく最後まで取り組む力」のことです。

　学生時代の試験の解答とは異なり，社会に出てから取り組まなければならない課題には答えが1つしかないとは限りません。いろいろと工夫しながら最適な解答を求めていく必要があります。当然，失敗することもあります。しかし失敗しても，プロの社会人としてそこから学び，粘り強く，取り組み，答えを出すことが求められます。

　前に踏み出す力は「主体性」「働きかけ力」および「実行力」の3要素から構成されます。

(1) 主体性：物事に進んで取り組む力

　社会で組織の一員として働くのであれば，単に指示を待つのではなく，自らやるべき課題を見つけて，積極的に取り組む必要があります。

　ビジネスプラン作成の入り口はアイデアを生み出すことです。この段階では，課題を与えられることはないため，何が課題なのかを自力で発見することが重要になります。自分で発見した課題に対して，すでに吸収している多様な知識や経験を土台にしながら，課題解決の方法をいろいろと比較，検討した上で，実際に積極的に主体的に取り組んでいく力が必要となります。

(2) 働きかけ力：他人に働きかけ巻き込む力

　社会で組織の一員として働くのであれば，自分だけですべてを行うことは不可能で，目標に向かって周囲の人々を巻き込んでいく必要があります。

　詳しくは第3章で述べていますが，ビジネスプランを作成するプロセスにおいては，経営，労務，財務，法務，マーケティング，統計，グローバル・ビジネス等の幅広い専門的な知識が必要となります。

　しかし，課題解決のために十分な時間が与えられているとは限りません。一

定期間で課題を解決する必要があるため，すべてを自分一人だけの力で実行することは難しいでしょう。

そこで，協力してもらえるメンバーを巻き込みチームを構成して協力し，メンバーの得意分野を活かし，不得意分野を補いながら協働することが必要となります。

(3) 実行力：目的を設定し確実に行動する力

社会で組織の一員として働くのであれば，他人から指示されたことをやるだけではなく，自ら目標を設定して行動し，最後まで粘り強く取り組む必要があります。

ビジネスプランを作成する際には，たとえば次のような項目を提示する必要があります。1．ビジネスプランの名称，2．ビジネスプランの概要，3．ターゲット市場，4．標的となる顧客，5．顧客の便益，6．市場の魅力度，7．競争状況，8．ビジネスのイメージ図，9．採算計画，10．成功の鍵，11．調査方法・参考文献などです。

ビジネスプラン作成に取り組む際に，これらの項目について必要な情報を収集し，記載し，完成させるためには，具体的に行動計画を立てなければなりません。目標を達成するための活動内容やタイムスケジュールについて，チーム内における自分の役割とメンバーの役割分担などを考えて，行動していく必要があります。

ビジネスプランの作成を通じて，自分で課題を見つけ，仮説を立て，裏付ける資料・データ等を収集し，仮説を検証する作業を行うことにより，主体的に取り組む力（主体性）を育成します。その過程において自力ですべての課題を解決することは難しいため，他人を巻き込む力，すなわち，働きかけ力を育成します。目標を設定し，それを達成するために，「今，何をしなければならないのか」を自分で判断して行動する実行力を育成します。こうした一連の課題解決活動は，答えが難しい課題にも積極的に取り組む力を育成する絶好のトレーニングになります。

3 ●考え抜く力（シンキング）の育成

　考え抜く力（シンキング）とは，「いつも疑問を持ち，最後まであきらめずに考え抜く力」のことです。
　課題の存在しない現状などありえません。いつもどこかに規模の大小を問わず，課題が存在するものです。そのため，絶えず課題を発見し，解決する作業が必要となります。課題を解決していくためには，問題意識を持って，何が課題になっているのかを発見し，課題を解決する方向で話を進めていく必要があります。課題を解決するための方法は1つとは限りません。プロの社会人として十分に納得行くまで検討し，議論を重ねることが重要になります。
　考え抜く力は「課題発見力」「計画力」および「創造力」の3要素から構成されます。

(1)　課題発見力：現状を分析し目的や課題を明らかにする力

　社会で組織の一員として働くのであれば，目標を設定して，課題が存在することに気付く力と解決方法を提案する力が必要となります。
　ビジネスプランの作成を通じて，現在の市場や産業における顕在的な課題だけではなく，潜在的な課題や市場ニーズを探っていき，課題が存在していることを発見する力そのものを育成します。単に課題を解決する力だけではなく，課題を発見する力が重要だということです。課題を発見することがビジネスプラン作成の出発点になるからです。
　「実行力」のところで列挙したビジネスプランの各項目の記述を行うためには，それぞれの項目について課題を発見し，調査・分析することが重要となります。しかしそれだけでは不十分で，ビジネスプラン全体としてみた場合の一貫性や整合性も重要になります。
　そのためには，項目間の相互の関連性についても十分な検討を加え，新たな問題点が浮き上がってきたのであれば，それを解決していく作業が必要になります。これまでに企画したビジネスプランの内容を異なる角度から見直すこと

も重要です。こうすることによって，新たな課題を発見することができるようになります。

こうした一連の作業を通じて，課題発見力の向上が期待されます。

(2) 計画力：課題の解決に向けたプロセスを明らかにし準備する力

社会で組織の一員として働くのであれば，発見された課題の解決に向けて，複数の解決方法を模索し，「その中で最善のものは何か」を検討した上で，課題解決に向けて計画を立てて準備をする必要があります。

ビジネスプランの作成を通じて，ビジネスのアイデアを実現するためには，ゴールから逆算して今は何をしなければならないのかを把握できなければなりません。そのためには，これから先，目標を達成するための活動内容やタイムスケジュールについて，綿密に計画を立てて，手元にある資源（ヒト・モノ・カネ・情報）を有効活用しながら行動していく必要があります。

そのため，必要な課題を抽出し，その課題を解決するための方法を考え，それを実行に移すための手段やプロセス等を計画する力が養われることになります。

(3) 創造力：新しい価値を生み出す力

社会で組織の一員として働くのであれば，既存の発想や既成概念にとらわれることなく，課題に対して新しい視点からの新しい解決方法を考える力が必要となります。

ビジネスプランの作成に求められるものは，既存のプランの単なる模倣や焼き直しではありません。十分にくみ上げきれていない顧客のニーズを発見し，既存の市場には存在しない，顧客から必要とされる新しい「なにか」を発案し，それをビジネスの形に昇華させるために，ビジネスプランにまとめる作業が必要となります。

既存のプランや競合企業との明確な差別化をすることにより，顧客のニーズに応えることになり，かつ社会的にみても意義のある新たな価値が付加されたビジネスを創造する力が鍛えられることになります。

4 ●チームで働く力(チームワーク)の育成

　チームで働く力(チームワーク)とは,「いろいろな人とともに,目標を達成することができるように協力する力」のことです。
　社会に出て組織の一員として働くのであれば,チームで働くということになります。学生時代には「自分の意見と合わない人とは付き合わなくてもいい」のかもしれませんが,チームで働くのであればそのような理屈を振りかざすわけにはいきません。
　プロの社会人として目標を達成し,成果を得るためには,他のメンバーと協働(きょうどう)することが重要になります。
　特に現代社会では,仕事の専門化や細分化が進展しています。そのため,必然的に組織の内外を含め多様な人との協働が求められることになります。うまく協働するためには,自分の意見を的確に相手に伝え,異なるメンバーの意見や立場を尊重しながら,目標に向けて行動していくことが必要になります。
　チームで働く力(チームワーク)は「発信力」「傾聴力」「柔軟性」「情況把握力」「規律性」および「ストレスコントロール力」の6要素から構成されます。

(1) 発信力:自分の意見をわかりやすく伝える力

　社会で組織の一員として働くのであれば,自分の意見を整理した上で,相手に正確に理解してもらうように的確に伝えることが必要となります。
　ビジネスプランを他のメンバーと協働しながら作成するそのプロセスでは,自分の頭の中にあるアイデアや意見を整理し,他のメンバーに正確に伝えなければなりません。自分の考えや目標などが正確に伝わらなければ,他のメンバーを巻き込んで計画を実行していくことなど到底できません。
　ビジネスプランを所定のフォーマットにわかりやすくまとめることも,発信力を育成するための手段の1つです。自分の意見を伝える場として,プレゼンテーションが必要になる場合もあります。プレゼンテーションの場では,限ら

れた時間内に，相手にポイントを的確に伝え，立案したビジネスプランの魅力を最大限訴えかけ，理解してもらうことが求められます。

　これらのことを意識しながら活動することにより，発信力を鍛えることになります。

(2)　傾聴力：相手の意見を丁寧に聴く力

　社会で組織の一員として働くのであれば，自分の意見ばかり発信するのではなく，相手が話をしやすい環境をつくり，相手と会話をしながら適切なタイミングで質問を投げかけ，相手の意見を引き出すことが必要となります。

　ビジネスプランを作成する過程において，チーム内での他のメンバーとの議論，プレゼンテーションを聞く場合や調査対象先でのインタビューなどの場では，相手の意見を丁寧に聞き，正しく理解しなければなりません。

　相手の意見を正しく理解した上で，不明な点は質問として発信し，必要に応じて適切なコメントを発信する必要があります。相手の意見を頭ごなしに否定するのではなく，受け止め，議論を重ねることによりビジネスプランを建設的に発展させていくことが可能となります。

　これらのことを意識しながら活動することにより，傾聴力を鍛えることになります。

(3)　柔軟性：意見の違いや立場の違いを理解する力

　社会で組織の一員として働くのであれば，自分の意見，ルールや方法に固執することは周囲との軋轢を生むだけで，望む成果を得ることは困難となります。相手の意見，ルール，方法や立場を尊重し理解した上で適切に行動する必要があります。

　相手の意見を傾聴していく過程において，自分の意見と相手の意見が異なるということは，珍しいことではありません。チーム内での他のメンバーとの議論，プレゼンテーションにおける質疑応答をする場合，自分と意見が異なるから相手の意見はすべて間違いと否定するのでは，お互いに前向きに作業することはできません。

他のメンバーやプレゼンテーションをしている人と意見が異なる場合には，その違いを認め，理解した上で建設的な議論を展開する力が求められます。

これらのことを意識しながら活動することにより，柔軟性を鍛えることになります。

(4) 情況把握力：自分と周囲の人々と物事との関係性を理解する力

社会で組織の一員として働くのであれば，チームで仕事をするときに，他人から指示を受ける前に（チームにおける）自分の役割を探し出し，理解した上で行動に移す必要があります。

ビジネスプランの作成を通じて，目標を達成するためには，絶えずゴールから逆算して今は何をしなければならないのか，自分や他人との関係性について情況把握する必要があります。

具体的には，自分の置かれた立場や情況，チームの置かれた立場や情況，自分と相手の関係，作業の進捗情況，これから必要な作業内容などです。これらの内容を他人とコミュニケーションをとりながら把握する必要があります。

これらのことを意識しながら活動することにより，情況把握力を鍛えることになります。

(5) 規律性：社会のルールや人との約束を守る力

社会で組織の一員として働くのであれば，一人ひとりが持っている職業倫理に照らしあわせながら，自分の発言や行動を適切に律し，社会人として責任のある対応をとることが必要となります。

チームで活動していくときにはさまざまな約束や決まりごとが出てきます。約束や決まりごとを守りながら，作業を進めていかなければなりません。一人ひとりが勝手にばらばらな行動をするのであれば，チームで作業することの意味はなく，目標を達成することなどできなくなります。

その時々において決まりごとや約束は変わるかと思いますが，相手の主張は最後まで聞く，約束の時間に遅刻をしない，チームの活動に貢献する（フリーライダーにならない）等はどの組織でも共通するものだと思います。

このようなことを意識しながら活動することにより，規律ある行動をする力を鍛えることになります。

(6) ストレスコントロール力：ストレスの発生源に対応する力

社会で組織の一員として働くのであれば，仕事を進めていく上でストレスを感じないということは皆無です。過度のストレスは病気につながることもあるので注意が必要となりますが，適度なストレスは目標達成のためには必要な存在です。仮にストレスを感じる状況になったとしても，その情況をポジティブに受け止めて，対応することが肝要です。

仕事を進めていく上で，思い通りにならないことに直面することは決して珍しいことではありません。そのときにストレス発生源に対してどのように対処するのかが，目標達成への成否を分けるといっても過言ではありません。他のメンバーや信頼できる人に相談する，いったんペンディングにする，代替案を考えるなどはその一例です。

ストレスをコントロールするための方法にはさまざまなものがあるかと思いますが，いずれも規律性のある範囲で対処してください。

自分にとって一番良いストレス解消法を見つけることで，ストレスを適切にコントロールすることができる力を養成することが期待されます。

本章で述べてきた3つの能力・12の要素は，社会人として最低限必要と考えられるスキルです。そのため社会人基礎力を養成するにあたり，これらの能力を育成し，鍛えることは非常に重要なのです。

◀注▶
1 経済産業省『「社会人基礎力」育成のススメ～社会人基礎力育成プログラムの普及を目指して～』2007年, p.3。

◀参考文献▶
経済産業省『今日からはじめる社会人基礎力の育成と評価』2008年6月。
経済産業省『「社会人基礎力育成」のススメ～社会人基礎力育成プログラムの普及を

目指して〜』2007年5月。
経済産業省『企業の「求める人材像」調査2007〜社会人基礎力との関係〜』2007年
　3月。
経済産業省『社会人基礎力に関する緊急調査』2006年4月。

執筆者一覧（五十音順）

飴野 仁子（あめの　ひろこ）　　　　　　　　　　　　　　　　第10章
現　　職：関西大学商学部教授
最終学歴：名城大学大学院博士課程後期課程修了
担当科目：ロジスティクス論，サプライチェーン・マネジメント

岩本 明憲（いわもと　あきのり）　　　　　　　　　　　　　　第10章
現　　職：関西大学商学部准教授
最終学歴：慶應義塾大学大学院博士課程後期課程修了
担当科目：マーケティング論，マーケティング政策論

川上 智子（かわかみ　ともこ）　　　　　　　編集・第1・2・3・10章
現　　職：関西大学商学部教授
最終学歴：神戸大学大学院博士課程後期課程修了
担当科目：技術生産管理論，イノベーション・マネジメント

岸谷 和広（きしや　かずひろ）　　　　　　　　　　　　　　　第10章
現　　職：関西大学商学部教授
最終学歴：神戸大学大学院博士課程後期課程修了
担当科目：広告政策論，消費論

北山 弘樹（きたやま　ひろき）　　　　　　　　　　　　　　第7・8章
現　　職：関西大学商学部准教授
最終学歴：九州大学大学院博士課程後期課程単位取得退学
担当科目：国際会計論，外貨換算会計論

木村 麻子（きむら　あさこ）　　　　　　　　　　　　　　　第7・8章
現　　職：関西大学商学部教授
最終学歴：関西学院大学大学院博士課程後期課程修了
担当科目：経営分析論，情報会計論

徳常 泰之（とくつね　やすゆき）　　　　　　　　　　　　　編集・終章
現　　職：関西大学商学部准教授
最終学歴：関西大学大学院博士課程後期課程単位取得退学
担当科目：保険経済論，保険経営論

西岡 健一（にしおか　けんいち）　　　　　　　　　　　　　第10章
現　　職：関西大学商学部准教授
最終学歴：エジンバラ大学ビジネススクール博士後期課程修了
担当科目：ビジネスモデル論，ニュービジネス

西村 成弘（にしむら　しげひろ）　　　　　　　　　　　　　第10章
現　　職：関西大学商学部准教授
最終学歴：京都大学大学院博士後期課程修了
担当科目：経営史，ビッグ・ビジネス

長谷川 伸（はせがわ　しん）　　　　　　　　　　　　編集・第4・9章
現　　職：関西大学商学部准教授
最終学歴：東北大学大学院博士課程後期課程単位取得退学
担当科目：ラテンアメリカ経済とビジネス，国際投資論

馬場　一（ばば　はじめ）　　　　　　　　　　　　　　　　　第5章
現　　職：関西大学商学部准教授
最終学歴：明治大学大学院博士課程後期課程単位取得退学
担当科目：国際マーケティング論，国際流通論

廣瀬 幹好（ひろせ　みきよし）　　　　　　　　　　　　　　　第6章
現　　職：関西大学商学部教授
最終学歴：大阪市立大学大学院博士課程中退
担当科目：ビジネス・マネジメント，企業と経営

横山 恵子（よこやま　けいこ）　　　　　　　　　　　　　第10章
現　　　職：関西大学商学部教授
最終学歴：北海道大学大学院博士後期課程修了
担当科目：ベンチャー論，中小企業論

実践ビジネスプラン〈第2版〉
■事業創造の基礎力を鍛える

2009年11月1日	第1版第1刷発行
2014年10月10日	第1版第4刷発行
2015年3月31日	第2版第1刷発行
2019年12月15日	第2版第4刷発行

編著者　川　上　智　子
　　　　徳　常　泰　之
　　　　長　谷　川　　伸

発行者　山　本　　　継

発行所　㈱中央経済社

発売元　㈱中央経済グループ
　　　　パブリッシング

〒101-0051　東京都千代田区神田神保町1-31-2
電話　03 (3293) 3371 (編集代表)
　　　03 (3293) 3381 (営業代表)
http://www.chuokeizai.co.jp/

印刷／文唱堂印刷㈱
製本／㈱関川製本所

© 2015
Printed in Japan

＊頁の「欠落」や「順序違い」などがありましたらお取り替えいたしますので発売元までご送付ください。(送料小社負担)
ISBN978-4-502-14051-8　C3034

JCOPY〈出版者著作権管理機構委託出版物〉本書を無断で複写複製 (コピー) することは，著作権法上の例外を除き，禁じられています。本書をコピーされる場合は事前に出版者著作権管理機構 (JCOPY) の許諾を受けてください。
JCOPY〈http://www.jcopy.or.jp　eメール：info@jcopy.or.jp〉

一般社団法人 日本経営協会 [監修]　　特定非営利活動法人 経営能力開発センター [編]

経営学検定試験公式テキスト

経営学検定試験（呼称：マネジメント検定）とは，経営に関する知識と能力を判定する唯一の全国レベルの検定試験です。

1
経営学の基本
（初級受験用）

2
マネジメント
（中級受験用）

3
人的資源管理／
経営法務
（中級受験用）

4
マーケティング／
IT経営
（中級受験用）

5
経営財務
（中級受験用）

キーワード集

過去問題・
解答・解説
初級編

過去問題・
解答・解説
中級編

中央経済社